簡単、健康、ときには贅沢

ひとり料理超入門

千葉道子 著

農文協

野菜たっぷり簡単常備菜

ひとり暮らしの食事に備えておくと便利

さっと茹でたり、少し煮るだけ、混ぜるだけ 手間いらずの小品集（23 ～ 25 ページ参照）

〈材料とレシピ〉（以下は、写真の下１列目の右端から順に並べてます。）

❶野菜の塩もみ　きゅうり、キャベツ、かぶを塩もみして大葉と和える。

❷ミックス野菜の即席ピクルス
パプリカ、カリフラワー、きのこなどをゆでてピクルス液につける。

❸うずらの卵の実山椒煮　ゆでたうずらの卵を実山椒の佃煮で煮からめる。

❹いろいろ野菜のめんつゆマリネ　素揚げ野菜をめんつゆに浸す。

❺大豆もやしのナムル　ゆでた大豆もやしを塩とごま油で和える。

❻赤キャベツのピクルス風　せん切りにしてゆでて甘酢につける。

❼切り干し大根のナムル
水洗いした切り干し大根を韓国風の味つけで和える。

❽なめたけ　エノキをめんつゆで煮る。

❾ほうれん草のごま和え　ゆでたほうれん草を醤油とすりごまで和える。

❿ひよこ豆のカレーマリネ
缶詰のひよこ豆をカレー味のドレッシングで和える。

⓫さつまいものレモン煮　さつまいもを砂糖とレモンで煮る。

⓬ミックスビーンズのマリネ
ミックスビーンズ（缶詰またはドライパック）をドレッシングで和える。

⓭クコの実入り酢れんこん
薄切りれんこんをゆでて甘酢につけ、クコの実を入れる。

盛りつけ例
（23 ページ参照）

赤キャベツのせん切り
（24 ページ参照）

くり返しつくってしっかり食べる

その１　ごはんによく合うおかず。
バランスがよくくり返し食べても飽きない味が基本。

牛すき煮（140 ページ参照）

チャプチェ（28 ページ参照）

肉野菜炒め（118 ページ参照）

キンメダイの煮つけ（137 ページ参照）

その２ パンやワインにも合う組み合わせ自在の洋風おかず。
ごはんや副菜にもう一品のときに役立つ。

牛薄切り肉の軽い煮込み
（141 ページ参照）

ニース風サラダ（27 ページ参照）

ホタテ貝のカルパッチョ
（115 ページ参照）

鶏むね肉のレンジ蒸し（149 ページ参照）

だしを使った料理

(だしのとり方は口絵VIページを参照)

卵焼き (56 ページ参照)

きのこの当座煮、叩き長いもかけ
(100 ページ参照)

大根と牛薄切り肉の煮もの
(108 ページ参照)

鶏鍋 (57 ページ参照)

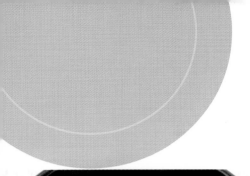

ワカメの雑炊（70 ページ参照）

そばサラダ（123 ページ参照）

こしょうめし（70 ページ参照）

きのこごはん（66 ページ参照）

だしのとり方のプロセス (49 ～52 ページ参照)

昆布とかつお節のだし

❶昆布は分量の水に入れて1時間おいたものを弱火にかける。

❷沸とうと同時に昆布を取り出す。

❸ぐらりと煮立ちかけたらかつお節を入れ火を止める。

❹かつお節が半分くらい沈むのを待つ。

❺万能こしにぬらした紙タオルをしいてこす。

❻出来上り。

本格チャーシューを楽しむ （147ページ参照）

煮豚ではなく、高温のグリルで本格的につくる焼き豚。
煮汁がしたたる熱々を切り分けて辛子を添えればごはんがすすむ。
もてなしや酒肴にもおすすめ。

（献立）
本格チャーシュー
ごはん（雑穀ごはん）
みそ汁（ワカメ、ねぎ、ブロッコリー）

❶棒状に切り分けた肉に調味料をすり込む。

❷1～2時間おいた肉にごま油少々をふりかける。

❸グリルの金網を低い方にセットし❷の肉をのせ強火にする（2～3分焼く）。一度取り出して焼き色がついたらやや火を弱めて5～6分焼き、裏返して同様に焼く。

❹竹串を刺してみて赤い汁が出てこなければ焼き上がり。

❺出来上り
熱々を切り分けて炊きたてのごはん、みそ汁とともに。

ときには贅沢「ひとり料理のスペシャリテ」

前菜からデザートまでとびっきりの献立に腕まくり。
材料がととのえば調理時間は短くてすむものばかり。

（献立）

前菜　タイの刺身松皮づくり（写真中）
（もみじおろし、あさつき）

メーン　ビーフステーキ（写真下）
クレソン、赤キャベツのピクルス風
（付け合わせ）

デザート　クレープ（写真上）：
オレンジのマーマレード添え

（118、151、173 ページ参照）

タイの松皮づくりのプロセス

（118 ページ参照）

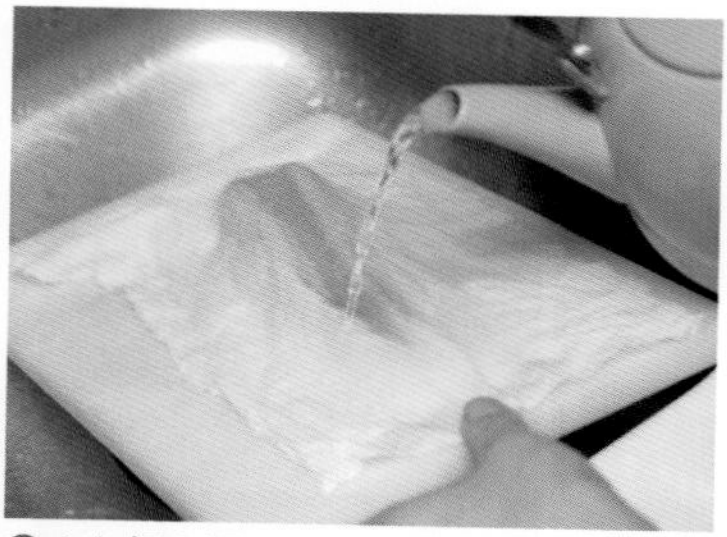

❶まな板を傾けて、皮つきのタイのサクを置き、ふきんをかぶせ皮目に熱湯をかける（注ぐ）。

❷皮が縮んだらすぐ氷水にとり２～３分冷やす（水気をふいて刺身に切る）。

はじめに

人生100年時代を迎え、私たちの食はいのちを守り、つなげるだけでなく、健康を維持するために「何を、いかに食べるか」に関心が寄せられてきております。

ところで、私たち消費者は、農業や漁業などの生産者ではないので、日々手にする食材の特徴やそれを活かした調理法に疎いところがあります。

しかも、健康に気を遣う割には面倒だからと外食や中食、宅配食などに頼ったりします。それらをすべて否定するわけではありませんが、味や栄養面での偏りや添加物まみれになる心配も見逃すことはできません。

本書は、これまで母や妻頼みの胃袋生活に依存してきた生活から離れてひとり暮らしを始めた方＝年齢を問わず独身の方、親元を離れた学生、新社会人、単身赴任のお父さん、不幸にして奥様に先だたれたシニア男性等々の皆さんに、「ひとりでも簡単、健康、ときには贅沢」を基本コンセプトに、「四季のひとり料理」の考え方と段取り、具体的なレシピを紹介するものです。

季節の元気な食材が台所へと誘《いざな》ってくれます。四季の食材とその料理は、自然の恵みと人間の体をつなげ、その健全な応答関係をつくりだしてくれる源です。

食材はもとより、加工食品や調味料にも賞味期限、消費期限などと称する旬や食べて安心な期限があることも知らされます。

さらに火を使うからには鍋のサイズなど道具との関わりも生じてきます。

元気があるからつくれる、つくる気がしないときは体調不良かと疑う、そろそろさっぱりしたものがよいというときは夏も間近と知る、など食べものは私たちの体を健康に保ってくれるメッセンジャーのようなものです。

日々台所に立っているとこれらのことはごく普通に受け入れることができることばかりです。体調をくずしたとき、食事と食べ方は循環していることを知らされるのです。自分で食べるものは、できるだけ自らつくってみたい、そんな気持ちを持ってくれる方をひとりでも多く増やしたいのです。

とくに四季に恵まれたこの日本では、その季節ならではの食材、食べ方が、豊かで健在です。この魅力あふれる日本の食を、「ひとり料理」にも活かして、手離さずに、自分のものとしていただくための入口となれば幸いです。

なお、本書の発行に当たっては、企画段階から編集上の細部にまでわたり、農文協の金成政博氏に大変なご尽力をいただきました。記してお礼申し上げます。


〈お断り〉本書では、「はじめに」と「序章」（ただしレシピ部分は除く）および「パート4、5」のリード部分は「ですます調」で、その他の部分は冗長を避けるため「である調」で表記しています。

千葉道子

2020年2月

目次

カラー口絵　Ⅰ
はじめに　1

序章「簡単、健康、ときには贅沢」
――誰でもできるシステムづくりで楽らくひとり料理

1　タイプ別ひとり料理事始めの特徴とポイント……13
（1）独身者、学生・社会人一年生など親元を離れて初めてひとり料理をする方へ……13
（2）家族と離れて働き盛りの人のひとり料理――単身赴任＝単身貴族の場合……14
（3）大人（シニア）のひとり料理（（1）（2）タイプの先輩にあたる大人世代）……15
2　ひとり料理・三つの基本と心得……16
（1）簡単（つくりやすい）――じつは案外安上がりで経済的……16
（2）健康（体にいい）……17
（3）ときには贅沢……17
3　身につけたいひとり料理のコツとシステム――五つの心得と実践……18
（1）レパートリーをむやみに増やさない……19
（2）料理は多めにつくる……19
（3）食材は姿、形がわかる状態で買う……19
（4）昨日、今日、明日の1クールが基本……20
（5）つくり置きのめんつゆ、タレ類の活用……21
4　ひとり料理は常備菜と新しくつくる料理の組み合わせで時短を図る……22
5　野菜たっぷり簡単常備菜……23
●野菜の塩もみ　23
●ミックス野菜の即席ピクルス　23
●うずらの卵の実山椒煮　23
●いろいろ野菜のめんつゆマリネ　23
●大豆もやしのナムル　23
●赤キャベツのピクルス風　24
●切り干し大根のナムル　24
●なめたけ　24
●ほうれん草のごま和え　24

●ひよこ豆のカレーマリネ　24
●さつまいものレモン煮　24
●ミックスビーンズのマリネ　25
●クコの実入り酢れんこん　25
6　「時知らず」――台所に常備したい基本の食材……25
(1)　おかずづくりに欠かせない食材……25
●七つの定番野菜　25／●肉の加工品・卵・乳製品　26
●天候を気にせずにすむ魚・貝　26
●備えあれば（乾物・缶詰）　26
(2)　時知らずで備えた食材を使った料理……27
●カジキのトマト煮　27
●ニース風サラダ　27
●雑菜（チャプチェ）　28
●エビのチリソース炒め　29
●ヒジキと豚こま切れ肉のさっと煮　29
7　超入門・ひとり料理のヒントあれこれ
――なぜそうするの？……30
(1)　冷蔵庫と冷凍庫の上手な使い方
――入れていいもの、悪いものの使い分けと
おいしく保存する工夫……30
●野菜　30／●魚　30／●肉　31
＊囲み記事　冷凍ものを解凍するのに良い方法は？　32
(2)　電子レンジで解凍するとき
ラップをかけた方がよいものとかけない方が
よいものがある、その理由は？……33
(3)　お茶（煎茶）の上手な入れ方……33
(4)　ゆで卵――ゆで卵をつくるとき、卵を入れるのは水か
らか、お湯が沸いてからか、出来上がったら水に入れる
のはなぜか？……33
(5)　油をひくのは、フライパンを熱してから？
はじめから？……34
(6)　例えばかぶと油あげのみそ汁をつくるとき、
二つの具材はいつ入れる？……34
(7)　野菜のゆで方は種類によって違う……34
●青菜をゆでる　34／●淡色野菜　35
●じゃがいもをゆでる
（他に大根、にんじん、れんこん、ごぼう）　35
(8)　鍋ものをつくるとき、野菜、魚肉類を入れる
順番は？……35
(9)　2～3人分の料理をつくって余ったら

冷凍保存する、その上手なやり方……36
●白飯 36／●食パン 36／●鶏のから揚げ 36
●カレー 36／●ヒジキと豚こま切れ肉のさっと煮 36
8 賞味期限と消費期限ってどう違うの？……37

PART1 献立の立て方と道具の準備

1 献立……39
2 ひとり料理の道具の準備
——これだけあれば十分＝道具の選び方……42
(1) 鍋……43
(2) フライパン……43
(3) 包丁……44
(4) まな板……44
(5) あると便利な台所の小物……45
●キッチンばさみ 45／●ピーラー 45
(6) 汁と飯用のお玉、しゃもじ、木ベラ、菜箸、ゴムベラ、泡立器、ザル、トング……45
(7) 電子レンジ……46
(8) 炊飯器……46
(9) 秤り（キッチンスケール）・計量カップ・スプーン……46
(10) バット・おろし金・ボウル……46
(11) 備品……47
(12) 食器……47
●和皿 47／●洋皿 47

PART2 だしの上手なとり方とめんつゆのつくり方

1 昆布とかつお節のだし
——標準のだしの引き方と注意点……49
●昆布とかつお節のだし（その1） 49
●昆布とかつお節のだし（その2） 52
2 便利な手づくりめんつゆとその活用術……52
(1) ストレートタイプのめんつゆ……53
(2) だしがらで二番つゆをつくり、料理に活用する
——めん類二題——……54

●山かけそば　54
●カレーうどん　55
（3）めんつゆでつくるおふくろの味……55
●肉じゃが　55
●きんぴら　56
●卵焼き　56
●菜の花とアサリの煮びたし　56
（4）鍋もの……57
●鶏鍋　57
●おでん　57
（5）スピードおかず……58
●豚しゃぶサラダ　58
●タコとワカメの酢のもの　58
●サケの焼き漬け　58
（6）二番つゆ活用術……59
●即席お吸いもの　59
●梅茶漬け　59
●だしがらの活用（だしがらふりかけ）　59

PART3 ごはん類の炊き方・つくり方とみそ汁

1　ごはん……61
（1）白飯のおいしい炊き方……61
●電気釜（炊飯器）で炊く　62
●鍋で炊く　62
●すし飯　63
（2）四季の炊き込みごはんと汁もの……64
——春のレシピ——
●菜の花ごはん　64
●鶏のすっぽん仕立汁　64
——夏のレシピ——
●新しょうがとタコのごはん　65
●豚肉といんげんの赤だし　65
——秋のレシピ——
●きのこごはんのオイスターソースあんかけ　66
●里いもとワカメのスープ　66
——冬のレシピ——

●カキごはん　67
●かき玉汁　67
（3）おにぎり……68
（4）おかゆ……68
●白がゆ（米からつくるおかゆ）　69
●ごはんからつくるおかゆ　69
（5）酒を飲んだあとにおすすめの三品……69
●雑炊　69
●ワカメの雑炊　70
●こしょうめし　70

2　みそ汁の基本と応用
――みそ汁ライフのすすめ……70
（1）みそ汁の基本　みその種類と特徴……71
（2）だしの種類と特徴……72
●昆布と煮干しのだし　72
●昆布とかつお節のだし　73
（3）汁の実……73
（4）基本のみそ汁……74
●豆腐とワカメとねぎのみそ汁　74
（5）みそ汁・応用編　①四季のみそ汁……75
――春のレシピ――
●アサリとスナップえんどうのみそ汁　75
――夏のレシピ――
●なすとみょうがのみそ汁　75
――秋のレシピ――
●さつまいもと焼きねぎのみそ汁　76
――冬のレシピ――
●冬野菜の白みそ仕立汁　77
（6）みそ汁・応用編　②具だくさんのみそ汁……77
●さつま汁　77
●粕汁　78
（7）みそ汁・応用編　③だしいらずのみそ汁……78
●炒めアサリのみそ汁　78
●ベーコン、玉ねぎ、青梗菜のみそ汁　79
（8）だしみそ……79
●千葉流だしみそ　80
●ブロッコリーとはんぺんのみそ汁　80
●落とし卵・みつばのみそ汁　80
●麩・ワカメ・青ねぎのみそ汁　81
●とろろ昆布・梅干し・大葉のみそ汁　81

PART4 野菜をメインにしたひとり暮らし食事術（いも類、きのこ類も含む）

1　春のレシピ……83
●新玉ねぎの丸煮　84
もう一品●サワラのバター焼き、菜の花添え　85
●春野菜とソーセージ（ウインナー）の蒸し煮　85
もう一品●カリフラワーときゅうりのピクルス　86
●春キャベツのピリ辛サラダ　86
もう一品●鶏のから揚げ　87
●ニラレバ炒め　87
もう一品●新ごぼうと鶏スペアリブのスープ　88
●にんにくの芽と牛肉のオイスターソース炒め　89
もう一品●新ワカメとわけぎのナムル　89
2　夏のレシピ……90
●なすとピーマンのみそ炒め　90
もう一品●タコときゅうりの酢のもの　91
もう一品●焼き塩サバ　91
●なすの山かけ　92
もう一品●鶏の照り焼き　92
●なすの冷たいスープ　93
もう一品●鶏ささみの青じそパン粉焼き　93
●ラタトゥイユ　94
もう一品●ハンバーグ　95
――なすの田楽二題――
●一口田楽　96
●加茂なすの田楽　96
もう一品●蒸しホタテのしぐれ煮　97
3　秋のレシピ……97
●冬瓜と鶏スペアリブのスープ　98
もう一品●ししとうとじゃこの炒めもの　99
●れんこんまんじゅうの甘酢あん　99
もう一品●戻りガツオの酒盗和え　100
●きのこの当座煮、叩き長いもかけ　100
もう一品●青梗菜と鶏肉の煮もの　101
●いろいろきのこのオイスターソースあん　101
もう一品●ゆで豚ときゅうりのサラダ風　102

●里いもとイカの煮つけ 102
もう一品●かぶと春菊の甘酢和え 103
4 冬のレシピ……103
●木樨肉（ムーシーロー） 104
もう一品●里いもとワカメのスープ 105
●五目旨煮 105
もう一品●白菜の甘酢漬け（辣白菜《ラーパーツァイ》） 106
●かぶのカニあんかけ 107
もう一品●カジキの揚げ漬け 108
●大根と牛薄切り肉の煮もの 108
もう一品●もやしときゅうりのごま酢和え 109
●筑前煮 109
もう一品●紅白なます 110

PART5 魚介をメインにしたひとり暮らし食事術

1 春のレシピ……113
●アサリ、わけぎ、ワカメのぬた 114
もう一品●新じゃがとベーコンの煮もの 115
●ホタテ貝のカルパッチョ 115
もう一品●豚ひれ肉のパン粉焼き、セージバターソース 116
●イワシのマリネ 116
もう一品●鶏肉とポテトの香草焼き 117
●マグロの緑山かけ 117
もう一品●肉野菜炒め 118
●タイの松皮づくり 118
もう一品●山菜の天ぷら 120
2 夏のレシピ……120
●アジのたたき風 121
もう一品●夏野菜と厚あげの煮もの 121
●タコとソーセージの香草炒め 121
もう一品●そばサラダ 123
●スズキの青じそ揚げ 124
もう一品●ささみとコーンのおろし和え 124
●アユのフライ 125
もう一品●新れんこんときゅうりの梅肉和え 125
●ウナギとモロヘイヤの炒めもの 126
もう一品●蒸しなすとタコのピリ辛和え 126

3　秋のレシピ……127
●戻りガツオのしょうがソース　127
もう一品●イタリア風オムレツ　128
●サンマの曲げ焼き　128
もう一品●しめじとほうれん草のおひたし　129
●イワシの旨煮　129
もう一品●いも煮汁（いもの子汁）　130
●秋サケの南蛮漬け　131
もう一品●かぶと貝割れ菜の和えもの　131
4　冬のレシピ……132
——カキの前菜二題——
●柚子釜蒸し　132
●オイル蒸し　133
もう一品●牛肉とフキの煮もの　133
●ブリ大根　133
もう一品●春菊ともやしの和えもの　134
●かぶのカニあんかけ　134
もう一品●ブロッコリーとささみのごま和え　135
●タラとじゃがいものキャセロール　135
もう一品●ツナ入りミックスサラダ　136
●キンメダイの煮つけ　137
もう一品●トマトとワカメのごま酢　137

PART6 肉と卵、乳製品をメインにしたひとり暮らし食事術

1　肉をメインにした料理……139
(1)　春のレシピ……140
●牛すき煮　140
●牛薄切り肉の軽い煮込み　141
もう一品●バターライス　142
もう一品●グリーンサラダ　142
●豚の角煮　142
もう一品●新ワカメとかぶのサラダ　143
●ミートソース　143
●スパゲッティ　144
もう一品●ルッコラとタコのサラダ　144
——鶏挽肉二題——
●鶏そぼろ　145

●鶏つくね煮　145
——鶏レバー二題——
●鶏もつの甘辛煮　146
●レバーペースト　146
（2）夏のレシピ……147
●本格チャーシュー　147
もう一品●レタスの瞬間ボイル　148
●鶏むね肉のレンジ蒸し　149
もう一品●トマトと卵の炒めもの　149
●豚のしょうが焼き　150
もう一品●いんげんと玉ねぎのごま酢　150
●ヨーグルトチキンカレー　150
もう一品●ターメリックライス　151
●ビーフステーキ　151
もう一品●いんげんとしいたけのバター炒め　152
（3）秋のレシピ……152
●手羽先のみそ煮　153
もう一品●青梗菜としめじの炒めもの　153
●クリームシチュー（チキン）　154
もう一品●れんこんとルッコラのサラダ　154
●黒酢の酢豚　155
もう一品●大根とワカメの中華サラダ　155
●スペアリブの紅茶煮　156
もう一品●アボカドとサーモンのサラダ　157
●ローストビーフ　157
もう一品●バターブロッコリー　158
（4）冬のレシピ……159
●シュウマイ（焼売）　159
もう一品●ホタテ貝柱の薬味ソース　160
●ポトフ　160
もう一品●大根とサーモンのマリネ　161
●鴨のロース煮　161
もう一品●大根と油あげの薄味煮　162
●ビーフシチュー　163
●煮豚　164
もう一品●切り干し大根のナムル　164
2　卵・乳製品をメインにした四季の料理……164
（1）春のレシピ……165
●新ワカメと菜の花の卵じめ　165
●じゃがいものフリッタータ　165

——卵焼き四題——
●厚焼き卵（玉子） 166
●だし巻き卵 167
●薄焼き卵 167
●卵のそぼろ（炒り卵） 168
（2）夏のレシピ……168
●かぼちゃのスープ 168
●エビと卵の炒めもの 168
●豚ひれ肉のパン粉焼き 169
●ゴーヤーチャンプルー 169
●卵とトマトの炒めもの 170
（3）秋のレシピ……171
●レタスの卵スープ 171
●牛こまと卵の炒めもの 171
●カルボナーラ 171
●青ねぎとキムチの串焼き 172
●クレープ 173
（4）冬のレシピ……174
●卵とじ丼 174
●カキとほうれん草の即席グラタン 174
●小田巻き蒸し 175
●スクランブルドエッグ 175
●フレンチトースト 176

本書の料理レシピの分量について
1カップは200㎖、大さじ1は15㎖、小さじ1は5㎖、1合は180㎖、1㎖は1ccです。

撮影　高木あつ子

序章

「簡単、健康、ときには贅沢」——誰でもできるシステムづくりで楽らくひとり料理

1 タイプ別ひとり料理事始めの特徴とポイント

今からひとり料理を始めるといっても、そのスタートはさまざま。

親元を離れて初めて自炊するという学生や新社会人などの若者層、単身赴任で家族と離れて暮らすことになった働き盛りのお父さん世代、シニアになってひとり暮らしを余儀なくされた大人世代など、きっかけや年齢層もさまざまです。

本書はどの層にも役立つ食事術としてエールを送り紹介していますが、まずはご自分のスタートの足場に合わせ、参考になさって下さい。

(1) 独身者、学生・社会人一年生など　親元を離れて初めてひとり料理をする方へ

「私がこの世でいちばん好きな場所は台所だと思う」。これは作家、吉本ばななさんのデビュー作『キッチン』の書き出しです。ここで引用したのは、作品発表時のばななさんも作中の女性主人公も、この項で扱う皆さんの年齢に近い学生であるからです。私がこの作品に出合い感銘を受けたのは年を重ねてからですが、好きな場所が台所であるという箇所には泣かされました。

ひとり料理、つまり自炊ができる寮生活やアパートでのスタートは、多少不安があるとはいえ、狭いながらも食の自立の第一歩を進める好機到来。たとえ一口のＩＨコンロだけの台所であっても、わが城を得て、自分の食事をないがしろにせずととのえることを思うと、わくわくするではありませんか。

まったくの初心者であれば、調理の入口は炊飯器でごはんを炊くことから始めたいですね。

初心者として用意すべき道具などの装備（42ページ）、備蓄（25ページ）の食品が足りたら、白飯さえ用意できれば先へ進む。ふりかけ、ノリの佃煮、おかずの缶詰などから始めればよいのです。そこへマグカップで千葉流みそ汁をつくってみたり（80〜81ページ）、生野菜を少しそろえるなりするだけでサマになってきます。そうしたうえで、徐々に火を使う調理らしい形を整えていくことです。ごはんさえあれば、時におかずでコンビニの世話になることがあっても当座をしのげるのです。

こうして主食は「米の飯」を基本にするだけで、ひとり料理はすっきりしてやりやすくなります。主食一つとっても、あれもこれもと欲張ると、食品の管理も増えて台所も冷蔵庫も雑然となります。

炊きたてのごはんの冷凍（62ページ）、レンジでの解凍もたやすい時代、ごはんを切らすことのない心がけがはじめの一歩です。

そしておいしい白飯が炊けたら、そのごはんを炊いている30分ほどの間におかずの一〜二品をつくる、と歩みを進めていきます。

（2）家族と離れて働き盛りの人のひとり料理
——単身赴任＝単身貴族の場合

その昔、といっても25年ほど前、「独身貴族」という言葉が流行りました。

それをもじって、ある文化人の先生が週刊誌で自らの単身赴任の日常を披露し、働き盛りのひとり暮らしを「単身貴族」と言い換えておられたのを思い出します。「すべての時間を家族に迷惑をかけないで自分のためにフルに使える」と何とも楽しそうな文面で貴族ぶりを紹介しておられました。

基本の装備がととのい、ひとり料理にも馴れたら、〝獲得した〟時間の使い道を、赴任地の食文化に向けてみるのもおすすめ。土地の名産や市場を知って、食べるなり、つくるなりするのも「単身貴族」ならではと思うのです。

また働き盛りとして活躍するからにはいやでも外食の機会が多いはずです。家でのごはんはその欠点を補う配慮が必要となります。

外食続きで野菜が足りているか、カロリーや塩分のとりすぎになってはいないかなど、「貴族」の楽しみだけでなく自己管理もお忘れなく。そして無理は禁物。忙しすぎたり体調がすぐれないときはいさぎよく〝お休み〟も必要です。近ごろはレトルトや冷凍食品などもおいしくなっているので、買い置きして利用するもよし、副菜をスーパーで買って急場をしのぐもよしです。ひとり料理の食材も、忙しいときには、生ものの肉や野菜の買い置きを控えるか、早めに冷凍庫に保存します（ただし、生の野菜は冷凍してはいけません）。

(3) 大人（シニア）のひとり料理

(1)(2) タイプの先輩にあたる大人世代

シニアになってひとり暮らしと食事づくりを余儀なくされた方、仕事をリタイアしたあと台所仕事を始めてみようと思い立った方を「大人世代」と名づけてみました。

こちらも炊事の初心者ですが、元気盛りの前者後輩グループにくらべると、時間にゆとりがあること、食べることを健康と直結させる年代であることが特徴です。

若い世代と異なる点は、もはや食べる量ではなく、しかも単に健康的を追うだけでもなく、基本はいわゆる〝美食〟ではない、〝おいしいごはん〟。何がそのおいしいごはんとつながっているか、まず食材を知ることからスタートです。

健康のために歩く散歩コースにマルシェ（スーパーマーケット）通いを義務づけませんか。食材のウォッチングというのは文句なしに楽しいものです。プロの料理人であってもヒマをみてはいくつかのスーパーを散策するといいます。

今、どんな旬のものが出回っているか、トレンドの飲みものは何かなど、自分のひとり料理にも直結すると思えば、興味はつきません。

何といっても食材から元気をもらえるのが一番。近くに魚屋、肉屋などの専門店があればラッキーですが、スーパーでも売り場の奥スペースに専門の担当者がいて準備をしているような店なら積極的に利用したいもの。魚の三枚おろしや肉を挽いてもらうなど、遠慮せず頼ってみましょう。

さて、シニアのごはんというと、現役時代にくらべ空腹感も弱まり、食が細くなったとはよく聞くところです。ひとり料理のいいところは、人に管理されない気ままな自分流が許されるところですが、だからこそ、規則正しい食事をとることを忘れてはなりません。

自分で献立を考え、買い物から段取りをして食事をつくるようになれば、食欲の有無の心配はなくなると思ってよいでしょう。元気でなければ、つくることも食べることもままならないからです。

この本では簡単でおいしい料理も紹介していますが、少し腕まくりをする定番もしっかり登場させています。毎日くり返し炊事をして、腕を上げた暁には、ぜひつくってみてほしいおなじみの料理ばかりです。

2 ひとり料理・三つの基本と心得

「簡単、健康、ときには贅沢」は本書の基本コンセプトです。この三つを基本の主軸としながら、「ひとり料理」を快適に続けるための提案をしていきます。一言で「ひとり料理」といっても、若者から大人まで世代も異なりますが、ここに挙げた基本コンセプトに関しては共通することなので、肝《きも》となる部分として書きとめてみました。

(1) 簡単(つくりやすい)
――じつは案外安上がりで経済的

簡単というとわかりやすい言い方ですが、手抜きとつながっているようにも聞こえるので、できれば〝無理せずつくれる〟と言い換えたいくらいです。とはいえ、ひとり料理の初心者であれば、入口は〝簡単〟から始まります。無理せずつくる自然体のごはんと言い換えてもよいでしょう。

本書では一貫して主食を米の飯の〝ごはん〟を主流にしているので、ここでの〝簡単〟は「ごはんを炊く」からです。

まず食べ親しんでいるごはん（白飯）があれば、これと組み合わせるおかずぐらい、どんな初心者でも思いつくものです。そのおかずを簡単なものから少しずつつくり返して習得していくのです。毎日のことだから手順も味もシンプルに決めましょう。〝簡単〟はじつは案外安上がりで経済的だと知らされます。

(2) 健康（体にいい）

これまでおもに母や妻などがつくってくれた食事をしてきた皆さんには、食べることにとくに注意を払うこともなかったことでしょう。

それが今からは人まかせではなく、自分で食事を賄うのです。じつはこれこそいい機会の到来です。

以前は疲れやすかったのに、食欲が安定してきたなど、体は信号をくれるものです。いつになくそんな体感を味わうことがあれば、これも〝自炊の成果〟かと気づかされます。

魚屋さんも、梅雨明け前後の蒸し暑い日を境に、刺身の売り上げがグンと伸びるといいます。季節の変わり目の体調も、自分で炊事をしていればダイレクトに知らされます。

夏に向けて冷奴や刺身だけでなく、酸味がちの酢のものやスパイスの利いた主菜をつくってみたくなるのも、体が知らせてくれること。このころは食当たりも心配になってくるので、手洗い、清潔なまな板、食べものを温かいところに放置しないなど、つくり手ならではの配慮も徐々に培われていきます。

これらもまた大切な健康とつながる一面であることを、つくり手になったからこそ知らされることでもあります。

台所に立てるのは体が元気だからです。「よい食事は自分でつくるしかない……」とは丸元淑生先生の一文ですが、そうありたいものです。

(3) ときには贅沢

1人分の料理をつくるよりも、出来合いを買う方が安上がりだと言う人もいますが、それは俗説です。

たしかに1人分をつくるために何種かの食材を買い出して調理にこぎつけるまでのプロセスを計算するとそう言えなくもありません。

しかし、週のほとんどを外食ですませ、朝もドリンクと菓子パン、帰宅後は即席めん類などの食生活が安くつくというものではないのです。

はれて自炊（ひとり料理）を決断したからには、少しずつ改めていくしかありません。つまり、自炊（ひとり料理）を決めたからには、今日だけでなく明日へと続けていくものだから。食材類の調達や手入れの面で合理性も必要になってきます。外食や中食にくらべて、買い出し、調理、片付け、ゴミの処理などに煩わされますが、それは人として当たり前のことなのだと心を決めれば、ひとり料理は安上がりです。

また、飽きないのが取り柄の平凡で簡単なひとり料理をつくり続けていると、母や家人の食事づくりの苦労に思いを馳せることもありそうです。朝はみそ汁（70ページ）、納豆、漬けもの、昼は昨夜残しておいたおかずに少し足した弁当、夜は魚か肉の一皿に季節の野菜。

この平凡そのものの日常のごはんに感謝する一方、たまにはハレの日の気分も味わいたい。とくに一つ挙げるならひとり料理にぴったりで自炊力を発揮するビーフステーキ（151ページ）。赤身がちの厚切りステーキ肉は流行のようで、スーパーでも目を引く存在です。しばらく外食を慎んだから捻出できたゆとりの確保ともいえます。

ステーキというのは独立している一皿というべきなのか、孤高の気高ささえ感じる料理です。ひとりで食べていても淋しさが感じられないのが不思議です。昔の料理人の一番の得意料理（スペシャリテ）に入る王道の逸品ゆえ、たまには焼いてみましょう。

③ 身につけたいひとり料理のコツとシステム——五つの心得と実践

どうしたら初めての「ひとり料理」を無理なく身につけられるのか。私なりにその肝となる心得と実践を五つ、まとめてみました。

まず、「ひとり料理」世代は、つくり手がいてくれる複数世代とはまったく立場が異なります。食事に関する基本はどちらも変わりませんが、ひとり料理は自分だけが頼り。

はじめは不安だとしても、無理をせず、今の生活状況を土台に、少しずつステップアップしていけばいいのです。気兼ねのいらない自由な空間でのごはん仕度も悪くありません。チャレンジしてみようという気にもなるというものです。

(1) レパートリーをむやみに増やさない

家庭料理をつくる主婦の悩みといえば、よく耳にするのがレパートリーが少なく、マンネリになる、などがおもなところです。

「ひとり料理」はそんな心配はご無用。料理のレパートリーが多いということは、食材も調味料も種類が増えるばかりか、上級者ともなると道具類も多くなる。台所はそれらに占領されて狭くなったり、汚れたりしてきて、始末に負えなくなります。

台所はすっきりした使い勝手が望ましいので、少ないレパートリーでも2回、3回とくり返しつくって腕を上げていく方が賢明です。

(2) 料理は多めにつくる

今の料理本は2人分の材料とつくり方が主流です。「ひとり料理」のためのレシピも増えてきていますが、ステーキやめん類、丼ものなどを除いて、原則2人分以上つくることをおすすめします。

とくに筑前煮や肉じゃが、シチュー、カレーなどの煮もの系は多い方がつくりやすいし、じっくり煮るぶんおいしく仕上がるのです。

〝残って困る〟ではなく、〝残して楽する〟にしたい。残っても翌日の昼食や弁当、夜のおかずなど、出番はいくらでもあるので心配いりません。

自分でつくったおかずは、味加減も季節や体調に合わせているので、同じものをくり返し食べても飽きないのです。

(3) 食材は姿、形がわかる状態で買う

魚がおもに切り身で売られるようになって久しいですが、今は生野菜も切り身(カット野菜)化しており、全体の形が見えないので名前もうろおぼえになりがちです。カットしたかぼちゃ、薬味のねぎ、根切りきのこ、炒めものや生食用のカット野菜類に加え、ついに大根おろしまで。

すぐに使える良さはあるかもしれないが、そこまでやるかという思いにもかられます。第一、カットされたものは時間もたっているので、味はどうしても劣りがちです。

用があって対する食材と視線を合わせもせず、便利さに気をとられて無視するのは、いかがなものかと思ってしまいます。

野菜の1個売りといえば目立つのはキャベツ、大根、白菜です。大物なだけに1／4~1／2カット売りもありますが、自分の消費量と冷蔵庫スペースなどを考えたうえで1個丸ごと買いは得策です。

他の野菜も、なす、トマト、きゅうり、玉ねぎ、じゃがいも、にんじんなど1個（1本）売りがありますが、当然割高です。

カット野菜系は、すでに包丁が入っているため、封をあけたらすぐ使わなくてはならない当座しのぎ用。いたむのも早いのです。姿、形を確認できる買い物は安心にもつながります。

丸ごと買いには、魚や野菜をしっかりこの目で見て、名前や産地を覚え、季節を知り鮮度を確認できる良さがあります。

（4）昨日、今日、明日の1クールが基本

昨日何を食べたか即答できますか？　一昨日となったらさらに思い出せないでしょう。

毎日食事をつくる主婦はそうも言っていられません。昨日と同じ内容にしないように努力しているからです。それに引き換え、ひとり料理は気楽なものです。

とはいえ、なるべく規則正しく健康でありたいと願うならば、最小限の計画性が必要となります。

そこでひとり料理の基本として昨日、今日、明日という三日間の食事を一単位とするくり回し法を提案したいと思います。

まず昨日食べたものを把握していれば、今日のごはんづくりのヒントにつながります。

昨日の食事の残り、余った食材の手当ては万全かなどをチェックするだけで、今日の料理が決まったりします。残っている食材によっては今日もまた似たような料理になるかもしれないけれど、幸いかな、ひとり料理なので文句を言う人はいません。またしても昨日と同じお

かずを食べることになっても、季節や料理にもよりますが、二日ぐらいだと平気なものです。

気になるなら副菜を補充して趣を変えます。

似たような内容が二日も続いたら、三日目は材料も目先を変えて買い物をするなりして、二日間の料理とは異なるようにして、前に進んでいくのです。

このように、最少の区切りである三日間を1クールとするのは、食材の準備や手当てを手中に収めやすい単位だからです。

これで献立づくりも苦でなくなるでしょう。あとは良い食事をつくるためにこの三日間をつなげ、あるいは少しずつバリエーションを変え、それをくり返していくだけです。

(5) つくり置きのめんつゆ、タレ類の活用

これらのつくり置きは、ひとり料理を助けるすぐれた必須アイテムです。

なかでも筆頭はめんつゆ。拙書『だしの本』(1993年、農文協)で和を中心にした家庭料理の汎用性に役立つよう、手づくりめんつゆを紹介して四半世紀。今やめん類のみならず、醤油並みの消費で、目ざましい普及と定着ぶりです(その後2018年に『新 だしの本』として増補・改訂版を出しています)。

主材料が醤油、みりんという和の調味料とだしを使っていることも人気の理由のようです。料理初心者でもこれだけは上手に使う人がいるくらいです。52~54ページのめんつゆのつくり方を参考に、常備するつくり置きのNo.1に位置づけてもらいたいものです。

ここでつくるめんつゆは、つくり置き期間が短いストレートタイプ。市販のつゆは濃縮が主流で、ストレートは少ないうえに高価。

手づくりであれば、クセがなく、飽きがこないので、いろいろな料理に万能の力を発揮します。その他にもよく使う焼き肉のタレ(28ページチャプチェの材料の下味参照)、焼き魚の漬け地(醤油、みりん、酒各1)、みそ汁の素、だしみそなど(79ページ)もつくり置きでたまにはバリエーションを楽しみましょう。

④ ひとり料理は常備菜と新しくつくる料理の組み合わせで時短を図る

本序章の3で、料理は多めにつくって残したぶんを翌日に回すと提案しました。これに新しくつくる一皿があれば申し分ないからです。

とはいえ、昨日のおかずが常にあるとは限りません。そういうときに重宝するのが、あらかじめつくり置く常備菜です（口絵Ⅰページ）。

献立にもう一品加えたいとき、つくる元気がなくて簡単なおかずですませたいときにも、備えておけば一安心、時短にもなります。

時間を見つけて、ひとり料理にも簡単な常備菜をつくり置く楽しみを加えてみてはいかがでしょう。きゅうりもみや、野菜の塩もみだけですむ即席漬け程度であっても、大助かりします。それで味をしめて、何かしらつくり置きをしないわけにいかなくなればしめたものです。

常備菜は、旬の出盛り、いわゆる時季の海、山、里の幸を保存したことに由来します。誰もが知る梅干し・佃煮・漬けもの類を保存食ともいいますが、これぞ元祖日本の常備菜、まさにレジェンドそのものです。

今では冷蔵庫のおかげで、味は薄めになり、マリネやナムル、ピクルス、漬けものに至るまでつくり置く期間も短くなっています。

これらの常備菜は自分の食事の傾向（味の好み・食習慣）に合わせてつくり置くのも一案です。

例えば疲れて帰宅して魚か肉を焼くだけがやっとの日が続くならば、野菜中心のマリネやナムル、甘酢漬け系の常備菜は欠かせないでしょう。また、かたまり肉を醤油で煮込んでおいた煮豚（164ページ）のつくり置きがあれば、トマトを添えてレタスをちぎるだけですませることもできるのです。

単に一品欲しいときに助かったというではなく、食事全体に配慮したうえで備えられるようになればしめたものです。

常備菜の食材はその時季の盛り（旬）のものからぜひ選んでみて下さい。たくさんとれるから安くて、しかもイキがいい材料を見逃したくありません。

日頃の買い物で培った目利きぶりをここでも発揮しま

しょう。

まずは時間を見つけて、旬の食材に腕まくりをなさってみて下さい。

5 野菜たっぷり簡単常備菜

●野菜の塩もみ

きゅうり1本は、1cmの輪切りにし、少々の塩でもむ。キャベツ2枚は、一口に切り、かぶ2個は皮をむいて薄切りにする。キャベツとかぶを合わせて塩小さじ1／4をふって手でもむ。きゅうりと合わせ、大葉のせん切り2～3枚分を混ぜ、酒大さじ1を加えて味をととのえる。

●ミックス野菜の即席ピクルス

かぶ1個は、皮をむき、縦六～八つのくし切り、しめじ50gはほぐす。赤・黄色のパプリカ各少量は食べよい大きさに切る。れんこん50gは皮をむいて薄切り、カリフラワー1／2房は小さく分ける。生しいたけ2枚は二つに切る。以上の野菜を熱湯で2分ほどゆでてザルにあげて冷ます。

ピクルス液（水50mℓ　酢1／2カップ　砂糖大さじ2　塩小さじ1／2　ローリエ1枚　赤とうがらし1本）を合わせてひと煮立ちさせて冷まし、野菜を漬ける。

●うずらの卵の実山椒煮

ゆでたうずらの卵（市販品）8個とめんつゆ（52ページ参照）50mℓ、実山椒の佃煮（市販品）大さじ1～2、赤とうがらし1本、ブロッコリーの茎少々を合わせて火にかけ、3～4分、卵をころがしながら煮からめる。

●いろいろ野菜のめんつゆマリネ

52ページ参照（めんつゆのページ）。

ブロッコリー、カリフラワー、パプリカ、なす、きのこ類などを食べよい大きさに切り、170℃ぐらいの揚げ油で素揚げして器に入れめんつゆを適量かける。

●大豆もやしのナムル

大豆もやし200gをさっと洗い、ひげ根をとり、熱湯で2～3分ゆでてザルにあげて冷ます。塩小さじ1／4、ごま油小さじ2、炒りごま小さじ1で和える。

●赤キャベツのピクルス風

赤キャベツ200gは太めのせん切りにし、熱湯で1分ほどゆでてザルにあげる。

合わせピクルス液（酢1／4カップ　水大さじ2　砂糖大さじ2　塩小さじ1／3）に漬ける。

●切り干し大根のナムル

切り干し大根100gは水に浸して洗い、ゴミなどを除き、きつく絞る。長さを食べやすく切り、醤油大さじ1、粉とうがらし少々（キムチ用）、炒りごま大さじ1、ねぎのみじん切り大さじ1、塩少々、ごま油大さじ1で和える。

●なめたけ

エノキ100gは根元を切って長さを三つに切る。鍋にめんつゆ（53ページ参照）135㎖、酒・砂糖各小さじ1を合わせて煮立て、エノキを入れふたをして7～8分煮る。

●ほうれん草のごま和え

ほうれん草（1把）はゆでて水にとり、水気を絞って3㎝に切る。醤油小さじ2・5、砂糖小さじ2、白すりごま大さじ3でふんわりと和える。

●ひよこ豆のカレーマリネ

ひよこ豆（ドライパック・缶詰などの加熱ずみ）100gをカレー味のマリネ液（カレー粉大さじ1　白ワインビネガー大さじ1　水小さじ1　塩少々　エキストラバージンオリーブ油大さじ1）をよく混ぜたところに入れて味をつける。

※エキストラバージンオリーブ油は実を絞ってろ過したままのもので風味が強いので生食に向く。オリーブ油（ピュア）は精製してあり加熱調理に向く。

●さつまいものレモン煮

細めのさつまいも1本（200g）を1㎝厚さの輪切りにし水でゆすぐ。鍋にいもがかぶるくらいの水を入れて、ややかために煮る。砂糖大さじ3～4とレモンの薄切り1／2個分を入れ、ふたをしてやわらかくなるまで煮る。

●ミックスビーンズのマリネ

ミックスビーンズ（ドライパックまたは缶詰の加熱ずみのもの）100gに塩・こしょうで味をつけ、白ワインビネガー大さじ1、イタリアンパセリのみじん切り少々、エキストラバージンオリーブ油大さじ1も加えて混ぜ合わせる。

●クコの実入り酢れんこん

れんこん1節《ふし》200～250gは皮をむいて薄切りにし、水でゆすぐ。酢を少々入れた熱湯で歯ごたえがあるくらいにゆでてザルにあげて冷ます。調味液（水大さじ2　酢1／3カップ　砂糖大さじ2・5　塩小さじ1／3）を火にかけ、砂糖が溶けたら冷まして、水洗いしたクコの実10粒と合わせ、れんこんを漬ける。

6　「時知らず」——台所に常備したい基本の食材

〝時知らず〟とは季節感に無関係なという意味合いに使います。

食生活でいえば、旬にとらわれないで、飽きもせず、くり返し食べる料理や食材のこと。よく引用するのですが、中国料理でいうところの家常菜《チャチャンツァイ》。いつものおかずという意味合いの家庭料理を指す字面に惚れぼれします。まさに時知らず。

（1）おかずづくりに欠かせない食材

この項では、ひとり暮らしの日々のおかずづくりに欠かせない食材の準備の仕方を四つに分類しています。

このすべてを用意しないまでも、それぞれの食材を購入するときに、材料の内容表示や消費（味）期限の表示にも関心をもつようになりたいものです。

●七つの定番野菜

キャベツ、にんじん、大根、じゃがいも、きのこ、玉

ねぎ、ねぎ＋にんにく

おもな食材に事欠くときでも、野菜があると心強さもひとしお、なかでもこの7種は欠かさずに備えておきたい定番。

とくに長ねぎ、玉ねぎ、にんにくは香味野菜的な役割を担うことから、使用量は少なめであるが、旨味の立役者として欠かせない。

●肉の加工品・卵・乳製品

ハム、ベーコン、ソーセージ、チーズ、牛乳、ヨーグルト、卵

買い物をしそびれた日にこれらの備えがあれば、蛋白質の補充ができて満足、ひとまずホッとする。

●天候を気にせずにすむ魚・貝

冷凍のマグロ（刺身用）、冷凍エビ、生食用サーモン、ホタテ、刺身用のタイ・タコ、アサリ、シジミ

市場が休みの日曜日は、スーパーマーケットも力を入れて売る冷凍マグロを奮発してみるのもよい。冷凍のマグロにはサクとりした赤身と中トロがある。

「サク」は刺身セットにくらべると割安になる。切り方はサイコロ状に切れば簡単。

長いもなどをすりおろして山かけにしても。

疲れをいやす週末の炊事は火を使わないというのも一案。台所もお休みをいただく。

マグロでなければ、サーモン、ホタテ、タコなども選べる。アサリ、シジミの冷凍ストックがあれば汁もにわかにととのう。

●備えあれば（乾物・缶詰）

めん類（乾めん・パスタ）、だし素材（煮干し・昆布・干ししいたけ・固形スープの素）

麩・きくらげ・ヒジキ・切り干し大根、缶詰（コーン缶・サバ水煮缶、ツナ缶、トマトの水煮缶、アンチョビ缶）、ザワークラウト（塩づけキャベツ）のびん詰め

魚の缶詰といえば、すっかり定番化したツナ缶と人気のサバ缶で代表される。共に水煮のため使い勝手の良いことも人気の理由とみる。次いで重宝するのはトマトの水煮缶。カレーやシチュー、パスタやソース類に出番がある。

形状が丸ごとのホールタイプとカットタイプがあり、一缶はいずれも内容総量４００ｇほどが主流。使い残しはすぐ冷凍用保存袋に入れて冷凍すること。

(2) 時知らずで備えた食材を使った料理

●カジキのトマト煮

カジキは高蛋白で使い勝手の良い切り身魚の常連。

〈材料〉 カジキ2切れ　塩小さじ1／4　こしょう・小麦粉各少々　玉ねぎ中1個　にんにく1片　トマトの水煮缶2／3缶　白ワイン大さじ2　塩・こしょう各少々　オリーブ油・サラダ油各大さじ1・5

〈つくり方〉

①カジキは1切れを半分に切り、塩、こしょうで下味をつけて小麦粉をまぶす。

②玉ねぎ、にんにくは薄切りにし、トマトは手でつぶして缶汁と合わせておく。

③フライパンにサラダ油を熱して①を入れて、両面をよく焼きつけて取り出す。

④このフライパンにオリーブ油とにんにく、玉ねぎを入れて炒め、しんなりとしたら③を戻して白ワインをふり鍋をゆする。

⑤トマトを加え弱めの中火で10分煮て、塩、こしょうで味をととのえる（あればパセリやバジルのみじん切りをふる）。

●ニース風サラダ

いろいろ入ってカラフルだが、身近な材料ばかり。盛り映えがして、味のバランスからしてこれ一品で完結するので、友を招きたくなる有名なサラダ（口絵Ⅲページ）。パンとワインで。

〈材料〉 じゃがいも2個　さやいんげん30g　トマト小1個　レタス小1／6個　きゅうり1／2本　ツナ缶小1缶（60g）　アンチョビ2枚　卵1個

フレンチドレッシング（酢または白ワインビネガー大さじ2　練り辛子小さじ1　塩小さじ1／3　こしょう少々をよく混ぜ、サラダ油1／4カップを細くたらしながら、泡立器でよく混ぜる）

〈つくり方〉

①たっぷりの水に半分に切った皮つきのじゃがいもと卵を入れ火にかけて煮立てる。

②10分ほどしたらいんげんを入れ2分弱ゆで、すべてをザルにあげ、卵、いんげんは水にとる。

③じゃがいもは熱いうちに皮をむいて一口大に切り、つ

くり置いたドレッシング大さじ1・5ほどで和える。

③トマト・レタスもくし切りにし、卵も殻をむいて縦四つのくし切りにし、きゅうりは斜め薄切りにする。

④③までの野菜と油を切ったツナを彩りよく盛り合わせ、ちぎったアンチョビもあしらい、全体にドレッシングを回しかける。あれば黒オリーブを飾る。

●雑菜（チャプチェ）

有名な韓国料理なので本名で登場してもらう。学校給食などで、春雨を使ったサラダなどにアレンジされているもの（口絵IIページ）。

たっぷりの野菜類をひとつひとつていねいに下ごしらえする盛大な和えもの。おなじみの焼き肉が加わって完結する。ごはんに、めんに弁当によし、何よりも体によしの一皿。

〈材料〉 牛こま切れ肉150g　下味（醤油大さじ1・5　砂糖小さじ1・5　ねぎのみじん切り大さじ1　おろしにんにく小さじ1／2　すりごま・ごま油各小さじ2）　大豆もやし100g　玉ねぎ1／2個　にんじん30g　ピーマン2個（またはインゲン適宜）　干ししいたけ2枚　a（醤油小さじ1・5　砂糖小さじ1）　春雨30g　b（醤油小さじ2　砂糖小さじ1　ごま油・すりごま各大さじ1）　ごま油大さじ3

〈つくり方〉

①牛こま切れ肉に下味をつける。玉ねぎは薄切り、にんじんは皮をむき4cmのせん切り、ピーマンは二つに切り、種をとりせん切りにする。干ししいたけはもどして細切りにする。春雨は表示通りもどしてざく切りに。

②もやしはひげ根を除き（つけてもよい）、熱湯で3分ゆでてザルにあげて冷まし、塩とごま油各少々で和える。

③鍋にごま油大さじ2を熱し、玉ねぎ、にんじんを弱めの中火でゆっくり炒め、しんなりしてきたらピーマンも入れて色よく炒め、軽く塩、こしょうをして取り出す。

④③のフライパンにごま油小さじ1を入れてしいたけを炒め、もどし汁大さじ2とaを加えて汁気がなくなるまで炒めて取り出す。

⑤④の鍋にごま油小さじ2を熱し、牛肉を炒め色が変わったら取り出す。

⑥ボウルに②から⑤までと春雨を入れbで和える。

●エビのチリソース炒め

冷凍庫にエビとグリーンピースがあれば、あとは香味野菜を刻むだけ。冬に愛飲した甘酒の素の残りがあったら、ソースにかくし味として使うとコクが増す。エビはむきエビでもよい。

〈材料〉エビ（小さめ）２００g　a（塩小さじ1／5　こしょう少々　酒・かたくり粉各小さじ1・5　サラダ油小さじ1）　サラダ油大さじ3　にんにくのみじん切り・しょうがのみじん切り各小さじ1・5　長ねぎのみじん切り大さじ1　豆板醤小さじ1　b（水1／3カップ　トマトケチャップ大さじ2～2・5　砂糖・酒・あれば甘酒の素各小さじ1・5）　かたくり粉小さじ1　ごま油少々　グリーンピース（冷凍）1／4カップ

〈つくり方〉

①エビは殻をむき、背中に包丁を入れ、背わたがあれば取り除き、大きければ二つに切る。かたくり粉大さじ1ほどをまぶしてよく洗い、水気をふく。aの調味料を順に加えてもみ込み下味をつける。

②鍋に大さじ2のサラダ油を入れ、80℃ほどのぬるめに温まったら①を入れざっと混ぜ、薄く色づいて半生状態になったら取り出す。

③このフライパンをふいて、大さじ1のサラダ油としょうが、にんにくを入れて火をつけて、香りが立つまで炒める。豆板醤を加えてさらに炒め、合わせておいたbを加えて煮立たせる。

④②とグリーンピースを入れ、長ねぎを加えて全体を混ぜ、2～3分煮る。かたくり粉を倍の水で溶いて回し入れとろみをつけ、ごま油をたらして風味をつける。

ワンポイント
冷凍エビのもどし方
冷凍庫から出して保存袋に入れたままの状態で、水（夏は氷水）につけてもどす。急ぐときは袋から出して水で何度もゆすぐと早く解凍できる。

●ヒジキと豚こま切れ肉のさっと煮

乾物のヒジキは意外に早くもどる。長短2種のヒジキを混ぜた商品もあり、少量パックのため使い勝手がよくなっている。いっそのこと一袋使い切るとよい。

〈材料〉 ヒジキ（乾物）11g　豚こま切れ肉100g　ピーマン2個　にんじん50g　ごま油大さじ1　煮汁（だしまたは水1／2カップ　醤油大さじ2　砂糖・酒各小さじ2）

〈つくり方〉

①ヒジキはたっぷりの水またはぬるま湯に30分ほど浸してもどし、ザルにあげ長いものは切る。豚肉は一口大に切り、にんじん、ピーマンは細切りにする。

②ごま油を熱し、にんじんをざっと炒め、豚肉を加えて炒める。色が変わったらヒジキを入れてゆっくり炒め、煮汁を加え、煮立ったらふたをして弱めの中火で10分ほど煮る。ピーマンを加えてざっと混ぜ火を止める。

7 超入門・ひとり料理のヒントあれこれ ——なぜそうするの？

ここでは初めて料理や調理をするとき、これってどうやったらいいんだろう、とか、なぜそうするの、といった超入門的なことをいくつか解説します。まずは冷蔵庫・冷凍庫の上手な使い方と上手な解凍法について。

（1）冷蔵庫と冷凍庫の上手な使い方 ——入れていいもの、悪いものの使い分けとおいしく保存する工夫

食材の買い出しから帰って、まず手はじめにすることは、買ってきたものの収納、保存などの仕分けです。今日すぐ使う予定の生鮮は調理台に置くとして、その先は冷蔵庫、ときには冷凍庫などの適所へ移動します。

●野菜

葉野菜は畑に生えているときと同じように立てた状態で冷蔵庫の野菜室へ。少し湿らせた新聞紙や紙タオルに包み、ファスナー付きの保存袋に入れ立てかける。

周年野菜のじゃがいも、玉ねぎなどは密封せず、紙袋などに入れ、呼吸ができるようにして冷暗所で保存。ただし、気密性の高いマンションなどは暖かいため発芽することもあるので、ゆとりがあれば冷蔵庫の野菜室へ移動してもよい。

●魚

切り身で購入することが多いと思うが、すぐに食べる

ときには洗わずに、それぞれの調理の下ごしらえに従う。今日の予定がないときは薄塩をしてチルドへ。冷凍する場合は、塩味をつけたり、醤油や酒で下味をつけて汁ごとファスナー付きの保存袋に入れ、日付を明記すること。

また購入した魚の表示が「生」ではなく「解凍」とあるものは、再び冷凍しないようにする。すぐに食べないときにはファスナー付きの袋に入れ調味液に浸し、チルドに入れておくと2～3日後でも食べられる。

次に生の刺身。切ってあるものは劣化が早いのでその日のうちに食べ切る。消費期限も当日のみのものがほとんどである。サクとりしているものは、まだ冷凍が解けていないものなら、再び冷凍庫に入れられる。解凍ずみでも「サク」は賞味期限が少し長い。残ったら「づけ」やソテーなどにして食べ切る。

貝類（ハマグリ・アサリ）は買ってきてすぐに使わない場合はひたひたの塩水（海水ほど）を張り、密閉容器に入れ、冷蔵庫へ。シジミは水につけて同様にする。

●肉

おもに鶏、豚、牛の薄切り肉、挽肉、かたまり肉が使われる。

使い勝手のよい薄切り肉や挽肉は、かたまり肉にくらべて、空気に触れるぶん酸化が早い。

すぐに使うに限るが、残ったら、またはあえて残して、トレーから出して空気に触れないように、きっちりとラップに包みチルドに入れる。場合によっては冷凍するとよい。

薄切り肉やしょうが焼き用などであれば、パックからスルリと取り出して平らにしてラップで包み、冷凍用ファスナー付きの袋にすき間なく包んで冷凍保存する。挽肉は薄めの板状にのばして同様につくるが、使う前に割って使えるように、4等分くらいに筋をつけておくとよい。

他にも鶏肉の骨つきなどは常にあるわけでないので、見つけたときに、水分をよくふき、空気に触れないように、1個または1本ずつラップにきっちり包んで冷凍するとよい。

冷凍ものを解凍するのに良い方法は？

（a）冷蔵庫に移す　（b）氷水などにつけてもどす流水解凍　（c）自然解凍　（d）電子レンジで解凍　（e）加熱解凍　どれがよい？

どれが一番よいということはなく、ケースバイケースである。

（a）冷蔵庫に移す＝低温でじっくりもどすことになるので、時間にゆとりがあり、前もって心がける方法。調理前の食材を主とする。

挽肉や薄切り肉でもよいが大きな“かたまり”の肉など、すぐにもどらないものなどに向く。他に魚の切り身や刺身類も冷蔵庫で。

（b）流水や氷水につけてもどす

これも（a）と同じ低温解凍であるが、（a）よりも速く解凍できるので、冷凍のエビを早くもどしたいときなどにおすすめ。

保存袋に入れたままの肉の薄切りや、魚の切り身、イカ、野菜類も向く。

（C）自然解凍

じつは（a）も（b）も（c）と同じ自然解凍である。

食品にダメージを与えないように時間をかけてもどすのである。例えば刺身の解凍などは（a）で思いがけず早く、ちゃんともどって安心ということになるので、電子レンジ加熱は避けたい。

他に食パンを室内に出して自然にもどす、めんつゆを室温に出して半解凍で使うなども、この項の仲間に入れてよいと思う。

（d）電子レンジで解凍

出来上がって冷凍した料理の解凍が主と考えたい。調理前の食材に関しては、加熱時間をオーバーしてダメージを受けないように、解凍モードを守り、半解凍レベルにして慎重に。

以上調理前の食材に関して、初心者には（a）と（b）の自然解凍というのが一番安心で、食材へのダメージが少なくてすみそうである。

（e）加熱解凍

冷凍したまま、または半解凍のまま、直接フライパンで炒めたり、煮汁に入れたりして、調理しながらもどしていくもの。次の二品などはお手軽なのでおすすめしたい。

冷凍した薄切り肉をパキンと折って、冷凍しめじとともに熱した油でじっくり炒めてもどし、途中で、ゆでてから凍らせたいんげんも加えて炒め合わせ塩・こしょうで味つけする。

次に冷凍シジミのみそ汁。

砂抜きしたシジミはひたひたの水を入れた容器で冷凍しておく。煮立った昆布だしにこれを氷ごとすべて投じ、再び煮立って殻があいたころにみそで味をつける。

（2）電子レンジで解凍するときラップをかけた方がよいものとかけない方がよいものがある、その理由は？

ラップは基本的には必ずかけます。しかもふんわり。きつめにかけると破れてはねたり、張りついたりしてはずすときに汚れることがあるためです。

蒸す、煮るなどが得意な電子レンジはふっくらと温めてくれるのでラップは欠かせません。例外としてかけないおもな料理はチャーハン、揚げもの（天ぷら、フライ、から揚げなど）。チャーハンはパラリ、揚げものはカラリというように、その味に近づけるにはラップをしないこと。揚げたてに及ばないまでも、耐熱皿に移して紙タオルをしいて、ラップなしで電子レンジ加熱します。ラップをするとムレてしまい衣が台なしになります。

（3）お茶（煎茶）の上手な入れ方

①沸とうさせた湯を茶碗に入れ少し冷ます。

②急須に茶葉（1人分ティースプーン1杯強）を入れ①の湯を注ぐ。30秒〜1分強ほど待って茶葉が開いたら、人数分の茶碗に少しずつ廻し注ぎをする。最後の一滴までしっかり注ぎ切る。二煎目は急須に熱い湯を入れてもよい。香りの良い番茶、ほうじ茶は渋みが少ないので熱い湯で煎じる。

（4）ゆで卵
――ゆで卵をつくるとき、卵を入れるのは水からか、お湯が沸いてからか、出来上がったら水に入れるのはなぜか？

ゆで卵は基本的には水からゆでます。卵を冷たいまま水に入れて火にかけると殻が割れやすくなるので、冷蔵庫から出して30分は常温にもどしてから、かぶる程度の水に入れて火にかけます。沸とうしたら少し火を弱め「半熟」なら6〜7分、かたゆでなら11〜12分。好みの時間がきたらすぐ水にとって、水を替えて冷やしながら、水の中で殻をむきます。

急いで水にとるのは、余熱で卵黄のまわりが黒ずむのを防ぐのと、殻がむきやすくなるためです。

(5) 油をひくのは、フライパンを熱してから? はじめから?

これは、料理によって違います。

鉄のフライパンや中華鍋であれば、あらかじめ煙が出るまで鍋を熱する「から焼き」をしてから少し冷まして油をひくことが多いです。これは魚、肉、飯、めんなど蛋白質やでんぷん系の食材はから焼きをしないとくっついてしまうから。今はフッ素樹脂加工のフライパンが主流のため鍋のから焼きは不要です。冷たい油からスタートする場合と油を熱くする場合に分けられます。

例えば肉じゃがのように、材料が大きいものを炒める場合は少し熱くなったフライパンに油を熱してから玉ねぎや、いも、にんじんを炒めます。

一方で、にんにくのみじん切りなどを炒めるパスタのソースをつくるときには香味野菜を焦がさないようにします。火のついていない冷たいフライパンにオリーブ油とにんにくのみじん切り、とうがらしの小口切りなどを入れてから、弱火にかけじっくりと火を通し香りを出します。ふだんの調理ではほとんど前者の方法、つまり、フライパンを火にかけて油を入れて熱くなってから食材を炒めたり、焼いたりします。

(6) 例えばかぶと油あげのみそ汁をつくるとき、二つの具材はいつ入れる?

普通、汁の実はだしの出るもの、煮えにくいものを先にだしか水で煮ます。かぶと油あげは一緒に入れてもよいです。油あげは細切りにするし、かぶも皮をむいて一口大に切るとして、すぐ火が通るからです。大根の場合はかぶにくらべると煮えにくいので一足先に煮てから油あげを加えます。

(7) 野菜のゆで方は種類によって違う

アスパラガス、ブロッコリー、ほうれん草のおひたしをつくるときは、水から? 湯が沸とうしてから?

ゆで方は種類によって違います。

地上で育つ野菜は熱湯からゆでます。土中で育つ根野菜やかぼちゃなどでんぷんの多い野菜は水からゆでるのが基本です(薄く切れば熱湯から)。

●青菜をゆでる

ほうれん草、小松菜、春菊などの青菜はたっぷりの沸とうした湯に入れてゆでる。

湯の量が多いと青菜を入れても温度が下がりにくいので、しゃきっとゆだる。アクをこの量の多い湯に溶かすことで色よくゆであがる。

1人分の青菜2株ほどをゆでる場合などは3㎝ほどに切って、少なめの湯でさっとゆで、ザルなどに広げて冷ます。青菜1把をゆでる場合には量が多いのだから、冷水にとって色どめをしてもよい。

青菜ではないが、ブロッコリー、アスパラガス、オクラ、いんげんもここに入る。

●淡色野菜

キャベツ、白菜、もやしなどでは青菜と違い、アクも少なく色が黒くなるという心配もないのでゆでる湯の量はかぶるくらいでよい。ゆであがりはそのままザルにあげて冷ます。

●じゃがいもをゆでる

（他に大根、にんじん、れんこん、ごぼう）

じゃがいもを皮つきで丸ごとゆでる場合は水から。丸ごとは徐々にいもの中に火が通るためにバランスよくゆであがる。

また皮をむいて輪切りにしてゆでる場合は熱湯でもよい。丸ごととくらべて、いもの表面と中の温度の差が生じないからである。ゆで時間が短いために栄養素の流出も抑えられ、調理上の時短となる。

（8）鍋ものをつくるとき、野菜、魚肉類を入れる順番は？

鍋ものは、鍋汁に味のついている寄せ鍋系と、味がついていない水炊き系（ポン酢で食べる）に大別できます。いずれにしても、味が出る動物質のもの（鶏肉、豚肉、エビ、ハマグリなど）または油気のあるものやきのこから入れて、煮汁にだしを利かせます。次に煮えにくいものから、味がしみにくいものからとなるが、野菜のごぼうなどは笹がきにして下ゆでしておくと、他の野菜と同時に入れられます。にんじん、大根、里いもなども下ゆでするとよいです。こういう手間をかけると鍋の汁もアクが少なく洗練された味を楽しめます。

材料の入れる順番も大切ですが、切り方をそろえ、下ごしらえをすることがポイントとなります。

青菜はさっと煮てすぐ取り出します。

（9）2〜3人分の料理をつくって余ったら冷凍保存する、その上手なやり方

●白飯

炊きたてのごはん茶碗1杯分（約150g）の粗熱をとりラップに包み、少し平らにならし、冷凍用保存袋に入れ、空気が入らないように閉じて冷凍する。

解凍＝ラップをはずし、茶碗に入れふんわりラップをして500Wで3分弱電子レンジ加熱をして全体をほぐし、ふっくらさせる（600Wで2分30秒）。

●食パン

食パン1枚を冷凍用保存袋に入れ、空気を抜いて閉じ冷凍する。

解凍＝凍ったまま、トースターやグリルなどで焼く。室温や冷蔵庫で自然解凍も。

●鶏のから揚げ

鶏のから揚げを冷まし、冷凍保存袋に入れ空気を抜いて閉じ冷凍する。

解凍＝から揚げ3個（約90g）を耐熱皿にのせ、ふんわりラップをして1分ほど電子レンジ（500W）で加熱をし、ラップをはずし仕上げにほんの数秒、ラップなしでカラリと仕上げる。はじめからラップなしでもよいが、はねることがあるので、その場合はオーブントースターなどで解凍してもよい。

●カレー

余ったカレーは冷まして冷凍用保存袋に入れ冷凍する。

解凍＝1人分約300gのカレー入り袋の口をあけ、ほんの数秒レンジ加熱をし、取り出しやすくしてから、器に移し替える。ラップをして500Wで4〜5分温める。

●ヒジキと豚こま切れ肉のさっと煮

時知らずの項でつくった煮もの（29ページ）を冷凍する。

このヒジキの煮もの100gを冷まして、冷凍用保存袋に入れて冷凍する。

解凍＝冷凍用保存袋の口をあけ、500Wで2分ほど加熱する。

8 賞味期限と消費期限ってどう違うの？

私たちにすっかりなじんだ感のあるこの二つの表示、販売される食品のほぼすべてに記入されています。

一方で魚、肉、野菜を専門に販売する個人商店に行くと、店主から直接食品の説明を受けたり、手渡されたりする、昔ながらの売り買いをするときにはこの表示は見当たりません。しかしながらこれは少数派。専門の個人商店も激減し、スーパーマーケット時代に入り、パック化が進みこれらの表示が義務づけられています。

賞味期限　期限をすぎたら食べられなくなるというものでなく、味が落ちてくるという目安を知らせる表示です。

おもに加工品ですが、この食品の範囲は広い。乾物、みそ、醤油、酒、酢などの基本調味料はもとより、マヨネーズ、ケチャップ、常温で保存が利く缶詰類にも表示されている。「消費」表示にくらべると2年などという長い表示がトマト缶などに記載されているので、購入時に見ておくとよい（開缶したらすぐ使う）。他には、ハム、牛乳、ヨーグルト類もこれに該当するので、封を切ったら要注意です。

消費期限　表示される期限内の3～4日で消費せよというもの。長く保存できない、おもに生鮮食品（魚、肉、弁当や惣菜、洋生菓子類）のパック詰めの表面に記載されています。生の食材の買い出しで、一番の関心事。

PART1

献立の立て方と道具の準備

1 献立

以前は殿方の間で、「今度一献傾けましょう」という挨拶があったものだが、今はどうなのであろう。

一献は酒を酌み交わしてもてなすときの、誘い文句として使われていたものである。

モノの本によると、献立とはそのもてなす側が、二献め、三献めを差しあげるときに出す酒肴や料理の順序を書いたもののことであるという。なるほど、もてなしを専門とする料理屋はこの献立を厨房に貼り出していたりする。本日の料理の仕込みや段取りがわかるように書いた、スタッフ向けの台本だからである。

献立がしっかりすると、どの順番で何を出して、何を食べたか、いい内容であったかなどをチェックできる。

献立が良ければ食べて満足するわけである。同様に、我々の家庭料理の台所でも、「献立が食事の要」であるだけに、「今晩何にしようか」と思案するのである。

さて、ここからはひとり暮らしの食事術の幕開け。

「今日は何をつくって食べよう……」が始まる。

ごはんを主食とする日々の献立を、どうすればバランスよく組み立てられるようになるか、切なる思いにこたえて解説していく。

まずユネスコ無形文化遺産流に言うと、基本の和食献立は一汁三菜（あるいは二菜）。今や世界的にも知られる和食の魅力だが、献立の栄養バランスの良さも評価に入っているという。

献立はまず、主食と主菜を決める。

一汁三菜はハードルが高いと感じるが、例を挙げるとごはんを食べるためのお椀（一汁＝おもにみそ汁）、焼魚（主菜）、煮もの（副菜）、香のものまたは常備菜（副々菜）。

それぞれの役割を言うと、

主菜＝体をつくるおもなおかず。しっかり食べて免疫力、筋力を高める。肉、魚、卵、大豆、大豆加工品、乳製品など、蛋白質や脂質を多く含む食材でつくる。

副菜＝主菜をサポートするもの。野菜を中心にしたおかず。ビタミン、ミネラル、食物繊維たっぷりの食材で体の調子をととのえる。

野菜の摂取は、淡色、緑黄色の野菜を合わせて一日350gを目標にといわれる。他の食材はきのこ、いも類、海藻、豆など。

副々菜＝つくり置きなどで補う小鉢ものなど。煮豆やピクルス、佃煮、漬けものなど、少量でも全体のバランスを補う役割をするもの。汁もの＝水分で主食を食べやすくする。

おかずの役割をする実だくさんの汁は、献立のバランス調整にも役立つ。日本独特のだしの香り、滋味も味わえる。

主食＝エネルギー源。ごはんやめん類などだが、ごはんはどんな料理にも自在に味を合わせられる円満な食品。食物繊維、蛋白質も含まれる。以上は知っておきたい献立の例としてざっと述べたものである。

何もこの通りでなくてもよい。今の食生活に合った洋風、中国風、エスニックなども入り混ざった、一〜二菜の惣菜献立がつくれるようになればしめたもの（具体例はPART4、5、6のレシピで紹介）。

毎日のことだから、多少同じ料理が続こうが、食べても飽きない味が一番（朝は必ず納豆などというのが好例）。

ひとり料理とは、気兼ね無用の台所仕事のこと。飽きない料理は体にやさしい。

季節が追い風になって旬の食べものを知らせてくれる。台所仕事にも衣替えがある。

日々のごはんをマンネリにしないためにも、季節の移り変わりに目をそらさず、まさに五感を働かせて関心を寄せ続けたい。

そこで、以上を整理して、良い献立を目指すために次の二点にまとめてみた。

料理法「五味＝味つけ」や「五法」に偏りがないようにする。

栄養バランス「五色」は三度の食事の中でうまく配分する（難しければ二日がかり）。

ここで「　」に入れた文字は五味・五色・五法のこと（語呂がよく覚えやすい）。

これは中国由来の、日本料理の料理法として知られる。わかりやすく食と栄養学を教えてくれていると思うので紹介する。

この考え方は、今、世情をにぎわす栄養学や栄養素の情報よりもはるかに身近で、食べ方、献立づくりの指標として参考になると思う。

以下その特徴に少し触れ、この項をしめくくる。

五味　「食育」の味覚テストなどでもおなじみ、人間がもつ五つの味覚のこと。

甘《かん》鹹《かん》酸《さん》辛《しん》苦《く》（苦＝今は旨味に変わっている）といい、甘い、塩辛い、酸っぱい、辛い、苦いの五つである。

この五つの味のバランスがととのうことで、食事の全体がまとまりおいしくなる（後述の五法・五色も含まれる）。

一つの献立で醤油味が二品あるとか、塩辛いものに偏るなど、料理が重複しないためにも、五味はバランスをとってくれる。

五色　食べものを五つの色に分けるもの。三原色の赤、青、黄に白と黒で五色。

この方法をとると、五色にあたる身近な食材がすぐに思い浮かぶ。

赤いトマト、黄色のピーマン、にんじん、青い野菜はたくさんある。

白はごはんやめん類、いも類などの炭水化物。

黒はごま、ヒジキ、ノリなど。

すぐに思い浮かぶ食材ばかりだと思う。

この色がバランスよく使われる料理は、見映えだけでなく、栄養的にもすぐれているのが一目でわかるのである。

よく茶色が多い偏った食卓などというが、五色をわきまえるとそんなことも減ってくると思う。

彩りのきれいな料理は視覚的にも食欲をより促してくれるのである。

五法　五つの料理法のこと。

生、煮る、焼く、蒸す、揚げるの料理法で食べることを指す。

あとはこの五つを組み合わせて、焼いてから煮る、揚げて蒸すなどの手順を踏んで、五法の変化球をとっているが、もとはこの五法。

「五味」のときに述べた味の重複と同様、料理法も重ならないようにしたい。そこに献立の役割があるからである。

ここまで「献立」をざっととまとめてみた。

献立とは食事全体をまとめるもの、ととらえ、悩むよりつくり馴れよう、でスタートしたい。

まず、つくりたい今日のごはんの内容を、主菜、副菜(付け合わせでもよい)と書き出してみてはいかがだろう。

もともと、もてなすための料理の順番からきているのが献立であるから、できれば台本が欲しいのである。

しかも誰に遠慮もいらないひとり暮らしの台所。自分へのもてなしだと思えば気が抜けて愉楽となる。

体に良い食べ方は前述の五味・五色・五法に倣うとして、たまにはハメをはずす（贅沢する）ことである。それが炊事の持続力につながる。

ちゃんとごはんをつくって食べていると、食べたいものは、気候や体調が教えてくれるのを実感するようになる。

これは自分で食事をつくっていなければ気がつかないことではある。

2 ひとり料理の道具の準備
——これだけあれば十分＝道具の選び方

ひとり料理を始めるにあたり、そろえたい基本の調理道具がある。

毎日くり返し使うものだから、使い勝手が良いものを選びたい。良質であれば長く役立つ。まずは一番使用度の高い鍋とフライパン選びからスタート。用意する数は最小限にするとして、ひとり料理のどんなレシピもつくれる便利なサイズを選ぶことが大切である。

つくる量が少ないので、大きすぎる鍋だと焦げつきやすく、味にも影響するからだ。

肝心のここが決まると、他の道具選びはぐんと楽になる。

(1) 鍋

鍋は二つ～三つがおすすめ。

(a) 直径15～16cmの片手鍋。深さ9～10cmのステンレスまたはアルミの雪平鍋。このサイズはひとり料理に一番使う鍋。大きめのミルク沸かしのサイズ。即席ラーメンをつくる、少量の野菜を煮たりゆでたりするのに向く。

(b) 直径18cmの片手鍋。おすすめはステンレス製で深さ9～10cmのもの。青菜やパスタをゆでる、時間をかけて煮るなど、汁気の多い料理向き。中身が見えるガラスのふた付きもある。ふたがあると冷めないだけでなく、ごはんも炊けるし、コトコト煮るカレーやシチューもつくれる。

以上(b)までは必須アイテムとして欠かせない鍋である。

次なる(c)は、大きめであるが、これをもう一つ加えることで、水分が多い料理をのびのびと行なえるというメリットにいきつく。

(c) 直径22～24cm、高さ10cmのふた付き両手鍋。ステンレス、ホーロー、厚手アルミのシチューパンなどがあるのでお好みで選ぶとよい。大きめの鍋はおでんやポトフなど、スケールのある料理、煮汁が多い煮ものに必要だが、ときには鍋のまま食卓に出すようであれば、ホーローでもよいと思う。どっしりとした両手鍋が一つあると心強いので加えてみた。

(2) フライパン

直径22～23cm、深さ6cm。フッ素樹脂加工が施されたもの。当節は鉄のフライパンではなく、このタイプのものが全盛である。

良質のものは値段も張るが、長持ちもする。パンケーキを焼く小さめのものから、煮つけ、炒めもの、蒸す、ゆでるまでこなす深さのあるものまで、サイズが豊富である。

ここでは鍋を三つ（個）選んだあとなので、フライパンはこれ一つ（個）にした。ひとり料理には少しサイズが大きめであるが、それゆえに作業がしやすい。〝一鍋多用〟で大活躍、汎用性は抜群である。魚や肉を焼く、チャーハンや野菜炒め、煮汁が少なめの煮ものや魚の煮つけ、ちょっとした洋風の煮込みまで、使い道が広く便利である。

(3) 包丁

さびないステンレス製の万能包丁。別名三徳包丁ともいう。かま形の洋包丁である。

刃渡り18cmの標準サイズ。これ一本あればよい。三徳とは肉、魚、野菜の三つの食材に使えることからきているという。使用後はふいておくだけでよいので、手入れが簡単である。柄（ハンドル）は木と樹脂がある。後者は水と熱に強い。柄の大きさなどから、手になじむものを選ぶとよい。

もう一つこの万能包丁で目立つのが全身金属でステンレス一体型のもの。刃との段差がないので汚れがたまりにくく洗いやすい。今やグローバル化している日本発祥の製品であるという。その姿はなかなかのスタイリッシュぶりである。

「包丁は使ったらすぐ洗ってふいて片付ける」が、さびる包丁の時代は当たり前のことであった。その心配がなくなったせいか、水切りかごに放置する光景が増えた。きちんとふいて収納し、ときにはとぎ器でといだり、プロにといでもらうなどのメンテナンスも大切である。

(4) まな板

木のまな板と樹脂のまな板がある。

台所の空間に見合った使いやすいサイズを選ぶとよい。木のまな板は包丁の当たりがやわらかいので刃を痛めないのと、材料がひのきの場合は抗菌作用があるのが特徴といえる。使用後はクレンザーで洗い、立てかけて乾燥させる。樹脂のまな板の抗菌加工は表面だけなので、黒ずみ、色移りができた場合は漂白するとよい。どちらを使うにしても、まな板は必ず水でぬらすこと。これをするとまな板につく臭いや色移りを防げる。

さらに、一枚のまな板を魚、肉に使用する面と野菜の面に分けて使うこと。生の肉を切った面でサラダ類の野菜を切ったりしてはいけない。まな板の下には必ずぬれぶきんをしいて安定させてから使用する。

(5) あると便利な台所の小物

●キッチンばさみ

下ゆでしたしらたきや春雨をチョンチョンと食べよい長さに切る。調理中の鍋の中にみつばやねぎを切りながら入れる。ときには食卓での焼き肉パーティのプレゼンテーションに使ってみても楽しい。使い終わったらきれいに洗って清潔を保つこと。

●ピーラー

簡単な「皮むき」である。かなり普及しているようだ。大根・にんじん・れんこん・ごぼう・きゅうり・メークイン（いも）・アスパラガスなど、でこぼこが少ない野菜に向く。

皮をむいたあと、にんじん、きゅうりなどをこのピーラーで再びむいて、薄いヒモ状にしたものを水に放してサラダにすると、ちょっとシャレた一品になる。包丁派とピーラー派にわかれるようにも思うがお試しを。

(6) 汁と飯用のお玉、しゃもじ、木ベラ、菜箸、ゴムベラ、泡立器、ザル、トング

木ベラはカレーやシチュー用に。菜箸は調理にも使うが、おかずの取り分けに。

ゴムベラはマヨネーズやドレッシングを混ぜたり、無駄なく取り分けたりするときに使う。泡立器はドレッシングを混ぜたり、ホットケーキミックスを混ぜるときにも使うことを考えると小さすぎない方がよい。ザルは竹製の平たい盆ザルが一枚あればベスト。竹製は今や貴重になってきた。使い終わったらカビが生えないように風通しの良いところでよく乾かすこと。その点、金ものの ザルはすぐそろう。

少し深さのあるザルを19㎝、17㎝、15㎝とそろえると、一番だしをこす、米や野菜、ゆでためん類の水切りに活躍する。

トングは肉、パスタ、デザート用など用途別にいろいろある。肉用のステンレス製のしっかりしたものが一つあると、大きめの肉の表面を焼きつけるときなどとくに便利。

（7）電子レンジ

多機能の機種ではなく、シンプルなものがおすすめ。温める、ゆでる、蒸すの調理法が主体であれば、多機能の必要はない。シンプルな方が操作が簡単で丈夫、購入費用も安くてすむ。以前はこの種のものは５００Ｗのみであったが、今は６００～７００Ｗも可能となって性能が向上している。

（8）炊飯器

1人分のごはんとはいえ、２合（３６０㎖）は炊くわけだから、容量は5合炊きがよい。

炊き込みごはんなどは具が加わると1合分ほどの増量となるし、酢めしとなると3～4合は炊くこともあるからである。

高性能を謳う高価な製品も出回っているが、電子レンジ同様、シンプルな型で十分である。なお今は、浸水時間や炊き上がりの蒸らし時間がセッティングされている機種が多くなっているので、説明書に従うとよい。

（9）秤り（キッチンスケール）・計量カップ・スプーン

料理のレシピは材料の単位にｇという数字が多く登場するので小さな秤りがあると便利。おすすめは最大計量1㎏、最小目盛り5ｇ（タニタ製）の小型スケール。

通常の家庭料理全般の計量はこれで用が足りる。たまにつくるお菓子にも最小目盛りが5ｇなので間に合う。次に忘れてならないのは計量カップ（２００㎖）と大さじ・小さじのスプーン。

（10）バット・おろし金・ボウル

バットは使う材料を切りそろえて入れたり、揚げものを入れておくのに使う。

ステンレス、ホーローなどがある。

おろし金は下におろしが落ちる箱形タイプのものが安定するので使いやすい。

ボウルはステンレス製の直径17㎝と23㎝があるとよい。小さい方は合わせ調味料を入れたり、大きいサイズではハンバーグの肉だねを混ぜたり野菜を洗ったり、水に放したりするのに使う。

(11) 備品

アルミ箔、ラップフィルム、ファスナー付きポリ袋、紙タオル、ふきん類

台所に常備しておく調理に関連する備品で、どれも消耗品である。とくにふきん、台ぶきんは清潔を保つために、漂白剤につけたり、時に熱湯消毒をするとよい。

(12) 食器

●和皿

汁と飯を基本とするので、汁椀とごはん茶碗が一対と箸。焼き魚や時に刺身を盛る主菜用の丸皿（角でもよい）直径18㎝。

副菜を入れる丸皿または中鉢、直径14㎝。副々菜（おしんこや佃煮）を入れる12㎝の小皿。またはお手塩と呼ばれる、すしや刺身のときに添える醤油入れの小皿。直径9㎝。

●洋皿

和皿は同じ柄でそろえないが、洋皿は同じ色や絵柄をそろえるので、統一感があり、和皿にくらべると調達しやすいと思う。

ここでの洋皿は無難な白色に決めて、2枚ずつそろえるというのはどうであろう。

偶数で半ダース、1ダースとそろえていくのが洋式である。

ミート皿（23㎝）、カレーやシチュー用（立ちあがりのある20㎝）、パン皿（ケーキ兼用）（19㎝）、サラダやデザート用（15㎝）

以上の4枚に大皿が1枚あるとよい。洋風にも中華にも使い回せるように無地のもの。

その他に自分用のナイフ・フォークとティスプーン。

以上、実用的な数を提案してみたが、いろいろの料理ができるようになると、自ずと器にも関心が向いてくる。

「器は料理の着物である」とは北大路魯山人の言葉。料理の腕が上がると、いい着物を着せたくなるのである。

PART2

だしの上手なとり方とめんつゆのつくり方

1 昆布とかつお節のだし
——標準のだしの引き方と注意点

まずお手本といわれる標準のだしの引き方をレッスンしよう（口絵Ⅵページ）。

●昆布とかつお節のだし（その1）

〈用意するもの〉 ガーゼまたはさらしのふきん（またはネル状のペーパータオル）　万能こし　18cmの片手鍋または21cmの雪平鍋など

〈材料〉 だし昆布10〜15g　かつお節（花がつお、うすく削ったもの）約15〜20g　水4カップ

〈つくり方〉

①昆布は乾いたふきんで砂をふきとる（このころはほとんど砂がついていないが）。繊維に垂直に切り込みを入れ、旨味を出しやすくする。分量の水を加えて弱火にかけ、火のそばを離れずに、グラっと煮立つと同時に昆布を引き上げる。

②①が煮立ったら少し火を落とし、かつお節を一度に入れ、再び煮立ちかけたら手早くアクをすくい、火を止める。かつお節が半分くらい沈むのを待ち、ぬれたさらしまたは紙タオルを敷いた万能こしでこす。出来上りが透明なこはく色であれば合格。

〈注意点〉

①昆布の切り込みについては賛否があり、あまり効果がないというデータもあるので、とくに入れなくてもよい。

②水の量はふたをしないでだしを引くために、蒸発するぶんとアクをすくう点を考慮して、欲しいだしの2割増しほどを入れる。

③こす目的はだしの純度を保つためで（こさないといたみが早まる）、透明感を大切にするのもそれと同じ意味がある。昆布の質や量、火加減で、かつお節だけのだしにくらべ、にごることがあるが、馴れてくるとタイミングがわかってくるので、はじめは気にしないこと。

　また、だしを引いたあと、こしたふきんを絞る人がいるが、味を損ねるので、すまし汁のときはタブー。引いてすぐいただくみそ汁の場合は、いい。

④昆布を煮立てると昆布臭が強く出てしまうだけでなく、粘りが出て、すまし汁には向かない。煮出す時間が短いと旨味が十分に出ないことがあるので、量が多いときは前もって水につけておくこともある（冬は2時間、夏は1時間）。

　昆布を煮立てることは完全な間違いではなく、精進料理など長時間昆布を煮出してだしを引くこともあり、そばつゆの場合や万能だしのときは、昆布と調味料類を煮出して引くなど、例外として覚えておく。

⑤かつお節は必要以上に煮立てるとにごりの原因になるばかりか、これも渋み、酸味が出てくる。

　またかつお節はほとんど市販の袋入りの薄削りなので、量は多めに使う。市販の袋は4人から6人家族が、1回で使い切る分量として計算してつくっているので、一度に使い切る。残ったら翌日すぐ使うこと。そうでなければ冷蔵庫で保管するが、密閉して他の匂いが移らないように注意する。

　煮立ったら沈むのを待つというが、このごろの市販品の場合は薄削りでだしが出やすいので、すぐこしてもかまわない。自分で削ったものなら、煮立ったら火を止めて約3分、沈むのを待ってこす。

⑥小袋入りのかつお節は細かい削りになっていて、おひたしやおしんこ、おにぎりなどにふりかける小出しに便利な普及版。3～5g入りになっているので、よほ

だしのとり方（口絵Ⅵページ）

❶昆布は分量の水に入れて1時間おいたものを弱火にかける。

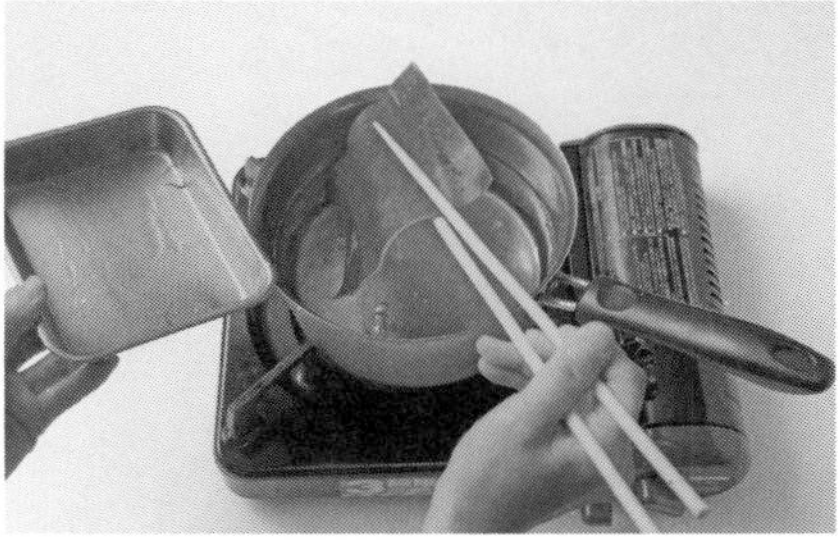

❷沸とうと同時に昆布を取り出す。

❸ぐらりと煮立ちかけたらかつお節を入れ火を止める。

❹かつお節が半分くらい沈むのを待つ。

❺万能こしにぬらした紙タオルをしいてこす。

❻出来上り。

ど余っていることでもないかぎり、だしを引くための材料と思わない方がよい。

●昆布とかつお節のだし（その2）

鍋に水5カップと20gの昆布を入れ中火にかける。温度計を使い60℃になったら、この温度を保ちながら1時間火にかけ、昆布を取り出す（温度がこれ以上にならないように火口に網などをのせ火力を調節）。

昆布を取り出したら少し火を強め、さらに沸とう直前まで温度を上げ（90℃くらい）、20gのかつお節を一度に入れ、再び煮立ちかけたら、手早くアクをとり、ふきんを敷いた万能こしでこす。

② 便利な手づくりめんつゆとその活用術

手元に新聞記事の切り抜きがあるので引用する。２０１７年6月24日付朝日新聞「サザエさんをさがして」が、１９７３年掲載の「サザエさん」でめんつゆが登場したことに触れたものである。

〝そうめんをゆでた波平がつけ汁で食べようと冷蔵庫をのぞいたら、ない！〟

例によってそそっかしいサザエさんが、アイスティと間違えて客に出していたという妙にリアリティのある４コマ。当時はどこの家庭でもめんつゆを手づくりしていたということがうかがえる。

その20年後（１９９３年）、拙著『だしの本』（農文協）では「濃縮だし」として手づくりめんつゆを紹介している。

流通の発達でさまざまな食材が入手しやすくなり、料理の情報もメディアを通じてぐんと増えたなかで書きまとめたものである。グルメ漫画も話題となり、料理を習う人が増えた時期と重なる。

お洒落なグルメに視線を送りながらも、だしのとり方、おいしいごはんの炊き方に強い関心を寄せるＯＬ諸嬢の心意気は熱かった。

そういう方たちに和食を中心とする家庭料理の魅力を伝える道しるべとして着眼したのがこの「めんつゆ」である。

まず、基本的な「だし」を学習してからの話であるが、プロの料理人たちの間で、親方が留守のときには「〇〇を煮るならそばつゆくらいの味」にするように指示しているのを小耳にはさんでいたからである。

これこそ家庭料理にも応用できそうと思い立ち、ヒントにさせてもらった。

『だしの本』では濃縮つゆであったものを、『新・だしの本』（2018年、農文協）ではもっと手軽なストレートタイプを紹介している。

前述の記事によると、食生活の多様化、簡便化を背景に、2000年代以降、濃縮タイプのめんつゆは、〝醤油に並ぶ和風調味料として浸透し、今や醤油を抜く支出金額となっている〟というのには驚かされる。

さて、以上のストーリーあってのめんつゆ。一番の魅力は日本のおもな家庭料理（和に限らず）に使い回せる汎用性と、初心者でも味がブレないので安心という特色。

ここでは主流の濃縮ではなく、ストレートタイプを縦横に使い回す。添加物なしの清れんな味は手づくりならではのもの。おいしいうちに早く使い切ることである。

(1) ストレートタイプのめんつゆ

もり、ザルそばのつけつゆとして、そのまま使えるのがこの「ストレートめんつゆ」。天つゆとしても使える。

水と醤油、みりんを4：1：1の割合で合わせ、だし素材（かつお節、昆布、干ししいたけ）を加えてひと煮立ちさせるだけである。

だしの旨味と醤油の塩分、甘みのバランスがよく、ほどよい濃さは汎用性に富むゆえん。使用する材料がわかる安心感に加え、必要な量だけつくれるのも手づくりならではのこと。

〈材料〉（出来上り約500mℓ分）かつお節（花がつお25g）　だし昆布（日高、利尻など）15g　干ししいたけ2枚（もどりが早い薄手の香信がよい）　水400mℓ　醤油100mℓ　本みりん100mℓ

〈つくり方〉

①直径18cm位の鍋にすべての材料を入れて10分ほどおく。

②①を弱火にかけ、微沸とうを保ちながら4～5分煮る（じっくり旨味を出す）。

③こし網にぬらしたキッチンペーパーを敷いてボウルにこす（絞らず自然に液体が落ちるまで待つ）。

このつゆは夏は冷蔵庫で7日前後、冬は10日ほどを目安に新鮮なうちに使い切ること。

（2）だしがらで二番つゆをつくり、料理に活用する

だしがらといえども、旨味と調味料が十分に残っているので再利用する。

めんつゆをつくったときと同量の水400㎖を加え、強火でひと煮立ちさせ、こす。

このままだし茶漬けや茶碗蒸しのだし、炊き込みごはんに活用できる。

昆布、しいたけは刻んで、かつお節と合わせ甘辛く炒りつけると佃煮、ふりかけができる。捨てるところなし。

一番のめんつゆのみならず、二番つゆをとったあとのだしがらまで使い切る、捨てるところなしのめんつゆ活用術のしめくくりはふりかけ。まだ残っているみりん、醤油の旨味とかつお節の蛋白質はごはんの栄養を補う面でもふりかけが一番。

〈だしがらふりかけの材料とつくり方〉

だしがらのかつお節一回分は細かく刻み、昆布のだしがら一回分も細切りにする。これらを鍋に入れ醤油大2・5、砂糖大2を入れて弱めの中火でかき混ぜながら全体をなじませる。全体にぱらりとしてきて、しっとり感も残っているあたりで火を止めごまをふる。

めん類二題

●山かけそば

ストレートタイプのつゆをつくって一番に食べたいのはそば。めんつゆの素はそば屋さんの「返し」というつゆのベースからきているもの。「もり」もよいが、山かけにすると満足度が増す。

〈材料〉（2人分）そば（乾）160g　温泉卵2個　長いも50g　薬味（長ねぎ・焼きノリ・わさび各適量）　めんつゆ180㎖

〈つくり方〉

①薬味の長ねぎは小口切り、焼きノリは細切りにする。長いもは皮をむいてすりおろす。

②たっぷりの湯を沸かしそばを表示通りゆで、冷水にとってもみ洗いをし、水気をしっかり切る。

③丼二つに②を分けて盛り、温泉卵を割り入れ、おろした長いも、①の薬味をのせわさびを添えてめんつゆをかける。

●カレーうどん

人気のカレーうどんもめんつゆがあればお手のもの。つゆとカレー粉のマッチングが絶妙で食べがいがある。

〈材料〉（2人分）ゆでうどん2玉　玉ねぎ1／2個　豚こま切れ肉90g　a（めんつゆ360㎖　水360㎖）　カレーあん（カレー粉大さじ1強　かたくり粉大さじ1・5　水大さじ3）

〈つくり方〉

①玉ねぎは皮をむいて縦に5～6㎜幅の薄切りに、豚肉は一口大に切る。

②鍋にaの煮汁を入れて熱し①を入れて少し煮る。ざっと火が通ったら混ぜ合わせたカレーあんの材料を少しずつ流し入れ、一煮してとろみをつける。

③うどん玉を一つずつ熱湯にくぐらせて十分に温め、湯を切って丼に入れ、熱々の②をかける。

（3）めんつゆでつくるおふくろの味

●肉じゃが

定番料理の味がこれで決まる。めんつゆで煮るだけで肉じゃがが驚くほど簡単にできてしまう。

〈材料〉（2人分）牛切り落とし肉150g　じゃがいも3個（300g）　玉ねぎ小1個　グリーンピース（冷凍1／4カップ）　サラダ油大さじ1・5　めんつゆ150～170㎖

〈つくり方〉

①牛肉は食べやすい大きさに切る。じゃがいもは皮をむき、6等分に切ってざっと水洗いをして水気を切る。玉ねぎは皮をむいて縦に半分に切って薄切りにする。

②鍋にサラダ油を熱し、強火で玉ねぎ、牛肉を炒め、肉の色が変わったらじゃがいもを加えて炒める。めんつゆを加え、煮立ったらあくをとりふたをして弱めの中火にして10分ほど煮る。

③じゃがいもがやわらかくなったらグリーンピースを加えて混ぜ、2～3分煮る。

●きんぴら

ごぼうと赤とうがらしだけ、強いものどうしで決めるきんぴらは、じっくり炒めるのがポイント。

〈材料〉 ごぼう1本150g　赤とうがらし1本　サラダ油大さじ1　白炒りごま適量　めんつゆ90㎖

〈つくり方〉

①ごぼうは皮をこすって洗い、斜めの薄切りにし、さらに縦にせん切りにし、水に放してからざっと洗ってザルにあげ水気を切る。赤とうがらしは種を除いて小口切りにする。

②鍋にサラダ油、ごぼうを入れ中火にかけごぼうがしんなりして油が回るまで気長に炒める。

③めんつゆと水大さじ3、赤とうがらしを加え弱めの中火にしてふたをして5～6分煮る。

④仕上げにふたをとって全体を混ぜ、強火にし汁気を飛ばすように炒めてごまをふる。

●卵焼き

関東風甘めの卵焼きは焼き鳥と並んでおそば屋さんの味でもある。冷めてもおいしいのでお弁当に向く（口絵Ⅳページ）。

〈材料〉 卵3個　a（めんつゆ30㎖　酒大さじ2　砂糖大さじ2と1／3　塩小さじ1／4）サラダ油適量

〈つくり方〉

①aの材料を合わせて弱火にかけ煮溶かして冷ます。

②卵をざっとほぐし、①と混ぜ合わせる。

③卵焼き鍋にサラダ油をひいてなじませ中火にし②の卵液の2／3量を流し、ジャーと音がしたら、全体を大きく混ぜる。

④裏側を少しめくり焼き色がついたら奥から手前に二つ折りにし手前に寄せる。鍋の向こう側に油をひいて、卵焼きを奥へ押す。

⑤鍋の手前に油少々を補い、残りの卵液を流し入れ、大きく混ぜて半熟状になったら奥の卵焼きを手前にかぶせて形をととのえる。

●菜の花とアサリの煮びたし

菜の花を他の青菜やブロッコリーに替え、アサリは殻つきでもよいし、ホタテやサバの水煮缶でもお試しを。

〈材料〉菜の花1把　アサリのむき身80g　塩少々　煮汁（めんつゆ90mℓ　水1／2カップ　酒大さじ1）

〈つくり方〉

①菜の花は根元のかたい部分を切り、長さを半分に切る。アサリはザルに入れ塩少々をふって洗い、水気を切っておく。

②鍋に煮汁を入れて煮立て、菜の花を入れ、再び煮立ったらアサリを加え中火で2～3分煮る。

（4）鍋もの

●鶏鍋

鶏肉の三つの部位を使い、加える野菜は玉ねぎだけ。めんつゆに砂糖、酒をプラスして甘めの煮汁で、食べごたえも十分の鶏すき（口絵Ⅳページ）。

〈材料〉（2人分）鶏もも肉1／2枚　鶏手羽先3～4本　鶏レバー100g　玉ねぎ中1個　トマト小1個（1／4に切る）　クレソン1把　煮汁（めんつゆ250mℓ　砂糖・酒各大さじ1）　卵1～2個

〈つくり方〉

①もも肉は一口大に切る。手羽先は先端を切り落とす。レバーは食べやすく切る。玉ねぎは縦に薄切りにする。

②鍋に煮汁を入れて煮立て、手羽先を加えて少し煮てから他の材料も次々と入れていく。そのまま食べてもよいし、好みでとき卵をつける。煮つまったら二番つゆを補う。

●おでん

めんつゆを多めの水で薄めるだけだが、練りものの味を引き立てるために酒を補う。魚介中心の寄せ鍋のつゆにも応用できる。

〈材料〉（2～3人分）大根4～5cm　ゆでダコの足小1本　こんにゃく1／2枚　結び昆布2本（だしがらでも可）　練り製品（好みのもの）約200g　煮汁（めんつゆ195～200mℓ　水2と1／4カップ　酒大さじ2　塩少々）　練り辛子

〈つくり方〉

①大根は皮をむいて、長さを二つに切り、片面に十文字の切り込みを入れて味をしみやすくし、やわらかくなるまで下ゆでする。こんにゃくは三角形に切りさっと

ゆでる。
②練り製品は合わせて熱湯を回しかけ油抜きする。
③鍋に煮汁と①を入れ強火にかけ、煮立ったら弱火にし、昆布を入れ約20分煮る。②を入れ5～6分煮てゆでダコを加え、2～3分煮る。練り辛子を添える。

(5) スピードおかず

仕上げに回しかけるだけの手軽さもめんつゆの得意技。これならできるというすぐれものばかり。

●豚しゃぶサラダ

ごく薄の豚肉をさっとゆで、仲間の野菜はピーラーで薄切りにして水に放す。めんつゆをかけるだけのヘルシーなおかずサラダ。

〈**材料**〉豚しゃぶ用肉150g　塩少々　きゅうり1本　にんじん・セロリ各少々　貝割れ菜1パック　おろしにんにく少々　酢大さじ1・5　めんつゆ60mℓ

〈**つくり方**〉

①きゅうりはピーラーで薄切りにし、さらに長さを三つに切る。細めのにんじんとセロリもピーラーで薄く切って、根を切った貝割れ菜とともに水にさっと放し、ザルにあげる。
②湯を沸かして豚肉を2～3枚ずつくぐらせ、色が変わったらザルにあげ、全体に塩少々をふる。
③①と②を混ぜて器に盛り、おろしにんにくを点在させ、酢をかけめんつゆを回しかける。

●タコとワカメの酢のもの

〈**材料とつくり方**〉

刺身用ワカメ（生食用）30gは食べやすく切り、刺身用のタコの薄切り適量と器に盛る。めんつゆ大さじ2と酢大さじ1を合わせて上からかけ、あればしょうがのせん切りを散らす。

●サケの焼き漬け

甘塩のサケを使うので扱いが楽チン。つゆに酢を混ぜるだけでつくりおきの一品と化す。

〈**材料とつくり方**〉

塩サケ2切れは一切れを三つに切り、こしょうをふりかたくり粉をまぶす。長ねぎ1本は3cmに切る。ボウルにめんつゆ100㎖、酢35㎖、赤とうがらしの小口切り少々を合わせ漬け汁をつくる。

フライパンに大さじ1のサラダ油を熱して長ねぎを色づくまで焼いて漬け汁に入れておく。油を補いサケをしっかり焼いてねぎとともに漬け汁に入れてなじませる。つくりたてでも、翌日のしみた味でも、お好みで。

(6) 二番つゆ活用術

手づくりめんつゆは二番つゆ(つくり方前述)もできるすぐれもの。だしがらに分量の水を加えて煮立ててこすだけだが、ほどよい塩味と旨味が十分でまさに家庭でつくるお吸いものの味。炊き込みごはんの炊き汁としてもストレートに使える。この吸いものの味をそのまま茶漬けや茶碗蒸しのだしに使うのもおすすめしたい。

●即席お吸いもの

〈材料〉(2人分)二番つゆ350㎖　酒小さじ1　a(とろろ昆布・万能ねぎの小口切り各適量)

〈つくり方〉

二番つゆに酒小1を入れひと煮立ちさせ、お椀にaを入れておいたところに注ぎ入れる。

●梅茶漬け

せっかくとった二番つゆはすぐ使い切ること。お茶漬けや雑炊など、汁のあるごはんものにもおすすめ。

〈材料とつくり方〉

1人分の茶碗に温かいごはんをよそい、ちぎった梅干し、万能ねぎの小口切り、もみノリ、ごまをのせる。二番つゆ170㎖に塩少々を加えて味をととのえてひと煮立ちさせ、ごはんにかける。

●だしがらの活用(だしがらふりかけ)

54ページ参照。

郵便はがき

おそれいります
が切手をはって
お出し下さい

1078668

（受取人）
東京都港区
赤坂郵便局
私書箱第十五号

農文協
読者カード係 行

http://www.ruralnet.or.jp/

◎ このカードは当会の今後の刊行計画及び、新刊等の案内に役だたせていただきたいと思います。　はじめての方は○印を（　）

ご住所		（〒　－　） TEL： FAX：
お名前		男・女　歳
E-mail：		
ご職業	公務員・会社員・自営業・自由業・主婦・農漁業・教職員（大学・短大・高校・中学・小学・他）研究生・学生・団体職員・その他（　）	
お勤め先・学校名	日頃ご覧の新聞・雑誌名	

※この葉書にお書きいただいた個人情報は、新刊案内や見本誌送付、ご注文品の配送、確認等の連絡のために使用し、その目的以外での利用はいたしません。

● ご感想をインターネット等で紹介させていただく場合がございます。ご了承下さい。
● 送料無料・農文協以外の書籍も注文できる会員制通販書店「田舎の本屋さん」入会募集中！
案内進呈します。　希望□

■毎月抽選で10名様に見本誌を１冊進呈■（ご希望の雑誌名ひとつに○を）

①現代農業　②季刊 地 域　③うかたま

お客様コード

17.12

お買上げの本

■ご購入いただいた書店（　　　　　　　　書店）

●本書についてご感想など

●今後の出版物についてのご希望など

この本をお求めの動機	広告を見て（紙・誌名）	書店で見て	書評を見て（紙・誌名）	インターネットを見て	知人・先生のすすめで	図書館で見て

◇ 新規注文書 ◇　　郵送ご希望の場合、送料をご負担いただきます。

購入希望の図書がありましたら、下記へご記入下さい。お支払いはCVS・郵便振替でお願いします。

（書名）	（定価）¥	（部数）　部
（書名）	（定価）¥	（部数）　部

ごはん類の炊き方・つくり方とみそ汁

1 ごはん

ごはんは日本型食事のいしずえである。

食事全般を指すときも「ごはん」といい、そのかけがえのなさが伝わる。

それにしてもお米のごはんは魅力的である。炊き上がったときの匂い、光沢、口に入れたときの粘りとやわらかさ、淡白でいてほんのりとした甘みもあり満足する。

(1) 白飯のおいしい炊き方

この持ち味はどんな食材とも調和するので、ごはん料理は数知れない。

私が子供のころの殿方といえば、とにかく「ごはん」に一《いっ》家《か》言《げん》もっており、何かとうるさかったのを記憶している。一流料理人でも、米のよしあしや水加減など、ごはんほど難しいものはないと語っている。

さて、ここでは、まず白飯の炊き方から始める。精米技術の進歩で、米は「とぐ」から「洗う」が主流になってきている。

研ぎ水のでんぷんは排水の汚染にもつながるというので、環境面でも「洗う」は評価されている。

●電気釜（炊飯器）で炊く

〈材料〉米2合（360㎖）　水2カップ（400㎖）

※炊飯器に添付される専用カップは一合（180㎖）。1カップというが200㎖ではない。

〈炊き方〉

①米を洗う

米をザルに入れ、水道の水を直接注いで、流水下で米粒をやさしく混ぜながら、水が澄むまで洗う。（ボウルで流水を受けて水のにごりを確認するとよい）

②吸水・水加減・炊き方

洗った米をザルに入れたまま、水気を切る（水を切りながら吸水させる）。このザルあげは30～40分。このあと炊飯器に移し、米の量と同じ2合の目盛りまで水を加え、スイッチを入れて炊く。

※今の炊飯器は浸水時間が設定されているので浸水せずにすぐ炊いてもよい。

③炊き上がり

炊き上がったらすぐふたをあけ、ごはんをほぐす。内釜のふち全体をしゃもじでなぞって、空気を入れるように上下を返し、全体をふんわり混ぜて余分な水分を飛ばす（旨味を保つコツ）。かたく絞ったぬれぶきんまたは紙タオルをふたにかませて、水滴が落ちるのを防ぐ。保温機能はついているが、食後その必要がない場合はスイッチを切って冷凍ごはんの準備にかかるとよい。保温が長びくと味が落ちていく。パサついたり、黄ばんだり、匂いも気になってくるからである。

ワンポイント

冷凍ごはんのつくり方

ラップに粗熱がとれたごはんを茶碗1杯分ずつ入れてふんわり包み、ファスナー付きの冷凍用保存袋（Sサイズ）に1個ずつ入れて冷凍する。ギューギュー詰めにして米粒をつぶさないように気をつけること。

●鍋で炊く

土鍋で炊くごはんが人気だが、ここでは普通の鍋で炊く。ふたとセットになっている鍋であればよい。なかでもごはん用といえば、名だたる定番は「文化鍋」。デパートも置くロングセラーである。手元のわが愛用品は21㎝の中サイズ。4合ほどのごはんが炊ける。底が厚く、ふちが高いので吹きこぼれの心配がない。日頃から、シチュー、おでん、煮豆など八方に活躍してもいる。

他には、厚手アルミの径18㎝ほどのシチューパン。2合ほどの少量でも、弱火にして時間をかけると、焦げもせず、厚手の鍋ならではのふっくらごはんが炊き上がる。2合ほどとはいえ弱火にして時間をかけると、多めに炊いたごはんに追いつくように思う（多めに炊いたごはんがおいしいのは、時間をかけてゆっくり炊くからといわれる）。

〈材料〉米2合（360㎖）　水400〜440㎖

〈炊き方〉

①米を洗う。以下炊飯器と同じ

②吸水・水加減・炊き方

鍋に洗って吸水（ザルあげ）させた米と分量の水を入れ強めの中火にかける。（ここまで約8〜10分）吹きこぼれそうになったら、ざっと全体を混ぜる。

③水分が引き始めたら再びふたをし、弱めの中火にして7〜8分、ごく弱火にして6〜8分炊く。仕上げは強火にし、10秒ほど数えて火を止め、ふたをしたまま10分蒸らす。電気釜同様ごはんを切るようにほぐして余分な水分を飛ばす。

●すし飯

電気釜または土鍋で白飯が炊けたら、熱いうちに合わせ酢を加えてすし飯をつくるのもいい。きゅうりもみや炒りごまを混ぜるだけのちらし風や好みの具材で手巻きなど、不意に食べたくなるときのためにぜひ修得したい。

〈材料〉米2合　水　合わせ酢（米酢1／4カップ　砂糖大さじ1・5〜2　塩小さじ1と1／3）　きゅうり1本　ちりめんじゃこ・白ごま各適量

〈つくり方〉

①合わせ酢はよく混ぜて砂糖を溶かす。

②炊き上がったごはんは内釜または鍋ごと返してボウルにあけ、しゃもじを伝わせながら①を回しかけ、上下を返しながら切るように混ぜる。うちわであおいで人肌に冷ます。

③まだ少し温かいすし飯にじゃこ、ごま、薄切りにして

塩もみしたきゅうりなどを混ぜ、器に盛って、あればもみノリや甘酢のしょうが（ガリ）などを添えるとよい。

（2）四季の炊き込みごはんと汁もの

季節の野菜や魚介を具にして炊き込む味のついたごはんは、白飯と別趣のもので人気がある。かやくごはんなど、それ一品で完成度の高い具だくさんのものや、青豆ごはんなど、白飯に近いもの、その中間の味つけに仕立てるごはんなど、多彩である。

四季のごはんをつくってみてその味つけの分類を覚えるとよい。

それぞれのごはんに合う汁も添える。

春のレシピ

●菜の花ごはん

春はさやからむいて炊くえんどう（青豆）ごはんがおいしい。ごはんの白と若草色の豆の対比をきわだたせる味つけは昆布だしと塩のみ。入手しやすい菜の花もおすすめ。秋ならば栗ごはんがこの味つけとなる。

〈材料〉 米2合　a（水400㎖　塩小さじ2／3　昆布5㎝）　菜の花1把　酒大さじ1

〈つくり方〉

①米は洗ってザルにあげ30分おく。

②菜の花はかたい茎を2㎝ほど切り落とし、塩少々入れた熱湯でゆでて、長さを三つに切って塩少々をふっておく。

③炊飯器に①とaを入れてスイッチオン。炊き上がったら昆布を取り出して②を入れ、全体に酒をふってふんわりと混ぜ合わせる。

※この水の量は400㎖で炊飯器の2合の目盛りとほぼ同じになるが、豆ごはんは少し水を増やすとよい。

●鶏のすっぽん仕立汁

肉を多めの酒で下煮するところから、この名がある。シンプル味のメニューにおすすめしたいコクのある汁。吸口《すいくち》（74ページ参照）は黒こしょう。

〈材料〉 鶏もも肉80g　a（水・酒各1／4カップ　塩小さじ1／4　醤油少々）　b（だし1・5カップ　塩

小さじ1／4　みりん・醤油各小さじ1／2）　青ねぎの小口切り・黒こしょう各適量

〈つくり方〉

①鶏肉は一口大に切る。

②aを火にかけ煮立ったら①の鶏肉を入れて2～3分煮る。

③②にbを加え一煮してお椀に注ぐ。青ねぎを散らし、黒こしょうをふる。

夏のレシピ

●新しょうがとタコのごはん

先端が薄紅色でさわやかな香りの新しょうがは辛みが少なく皮ごと使える。やわらかで涼しげなしょうがとタコはこの季節の出合いもの。タコを省いて、新しょうがだけのごはんも、酒のあとの食事として粋なもの。味つけはだしとうす口醤油で吸いものほどの味にととのえて炊く。

〈材料〉　米2合　新しょうが50g　ゆでダコの足1本　a（だし2～2と1／4カップ　酒・うす口醤油各大さじ1　塩小さじ1／4）

〈つくり方〉

①米は洗ってザルにあげ30～40分おく。

②新しょうがはよく洗って、薄皮がついたまま繊維にそって薄切りにし、さらに太めのせん切りにし、ざっと水でゆすぎ水気を切る。タコは一口大に切る。

③炊飯器に①、②を入れaを注ぎ入れ、ざっと混ぜ合わせスイッチを入れる。

※タコは炊き上がりに混ぜてもよい。

●豚肉といんげんの赤だし

疲れをとるという豚肉と盛りのいんげんを赤だしで仕立てる夏のみそ汁。

〈材料〉　いんげん50g　豚こま切れ肉60g　青ねぎの小口切り少々　だし450㎖　赤だしみそ35～40g　七味とうがらし

〈つくり方〉

①いんげんは筋をとって三つに切る。豚こま切れ肉は一口大に切る。

②だしを沸かして①を入れ、煮立ったらアクをとり、い

んげんが煮えたら火を弱めてみそを煮汁の一部で溶き入れ、ひと煮立ちさせる。

③青ねぎを入れて火を止め、お椀に盛り、吸口の七味とうがらしをふる。

秋のレシピ

●きのこごはんのオイスターソースあんかけ

新米の出回るころは、山の恵みのきのこも種類が豊富になる。米が見えなくなるくらい、たっぷりのきのこを入れて炊くごはん。これで十分満足だが、欲張ってオイスターソースのあんをかけて第一級のごちそうにする。

〈材料〉 きのこ（生しいたけ4枚　しめじ・舞茸各1／2パック＝合計100g強）　油あげ1／2枚　銀杏少々　米2合　だし400〜440㎖　a（うす口醤油大さじ1　濃い口醤油大さじ1　塩少々　酒大さじ1・5）　あん（だし1カップ　オイスターソース・醤油各大さじ1　酒小さじ2　砂糖小さじ1／2）　かたくり粉大さじ1・水大さじ2

〈つくり方〉

①米は洗ってザルにあげ30分おく。

②きのこは石づきを切り、生しいたけは薄切りにし、しめじ、舞茸はほぐす。油あげは粗いみじん切りにする。

③炊飯器に①を入れ、だしとaも加えて全体を混ぜ、②とむいた銀杏を上にのせ、ざっと一混ぜしてスイッチオン（普通に炊く）。

④あんをつくる。あんの材料を小鍋に入れて中火にかけ、煮立ったら水溶きかたくり粉を加えてとろみをつける。

⑤ごはんが炊き上がったら全体をほぐして器に盛り、④のあんをかける。

※きのこは水っぽくなるので洗わない。あんなしのごはんもおすすめ（口絵Vページ）。

●里いもとワカメのスープ

里いもは下ゆでせず、塩もみをしてぬめりをとり、直《じか》煮にするので新ものの滋味が味わえる。

〈材料〉 里いも2個（約100g）　塩少々　塩蔵ワカメ15g　a（水2・5カップ　固形スープの素1／2個）　ねぎの小口切り少々　b（醤油・塩・こしょう各少々）

〈つくり方〉

①里いもは皮をむいて塩少々をまぶしてぬめりをとり、よく洗って、1・5㎝ほどの輪切りにする。ワカメは、塩を洗い落として水に少し浸してから一口大に切る。
②鍋にaと里いもを入れて火にかけ、煮立ったらアクをとり、火を弱めて5分ほど煮てからワカメを入れ、ひと煮立ちさせる。
③ねぎを入れbの調味料で味をととのえる。

冬のレシピ

●カキごはん

ごはんに炊くカキは小粒がいい。金時にんじんの赤、かくし味の刻み油あげ、仕上げに混ぜ合わせる旬のセリ。

これだけ役者がそろうと、ちょっと贅沢なごはんになる。冬に一度はつくりたい。

〈材料〉米2合　カキ（小粒）150〜200g　だし400㎖　a（醤油・酒各大さじ1・5　みりん小さじ1　塩少々）　油あげ1／2枚　金時にんじん40g　セリ少々（または糸みつば）

〈つくり方〉
①米は洗ってザルにあげ30〜40分おく。
②カキは塩水でやさしく洗い、さっと熱湯をくぐらせザルにあげ、分量外の醤油少々をまぶす。
③にんじんは太めのせん切りにし、油あげは粗めのみじん切りにする。
④炊飯器に①の米を入れ、だしを加えてaを入れて一混ぜし、②と③も加えて普通に炊き、きざんだセリを混ぜる。

●かき玉汁

卵があればすぐできるのがかき玉汁。冬場はとろみをつけて、ふんわり仕上げておろししょうがを添えた熱々を。

〈材料〉だし1と3／4カップ　a（塩小さじ1／4　醤油少々　酒小さじ2）　卵1個　かたくり粉小さじ2　おろししょうが・青ねぎの小口切り各少々

〈つくり方〉
①だしを火にかけ、aで味をつけ、煮立ったら倍量の水で溶いたかたくり粉を加えてとろみをつける。

②①の汁をお玉で混ぜながら溶いた卵を糸状に流し入れる。
③お椀によそって青ねぎを散らし、おろししょうがをのせる。

(3) おにぎり

握り飯のことだが、女性らしい丁寧語でおむすびともいう。

日本人であれば誰もが知る食べものであり、食べ方である。握っているうちに手のひらが赤くなるほどの炊きたてのごはんが主役。

塩をつけて握ることで、冷めてからほどよくごはんとなじんでおいしく感じる。今はその塩むすびが人気という。

〈材料〉(2個分) 炊きたてのごはん茶碗2杯分(約300g) 梅干し1～2個 塩適量 ノリ1/4枚

〈つくり方〉

①梅干しは種をとって果肉を手でちぎる。ノリは2等分の帯状にする。
②茶碗にごはんの半量を入れ、水でぬらした指先で中央をくぼませ、梅干しの1/2量を押し込む。両手を軽くぬらし、塩少々をまぶす。
③②の茶碗の中のごはんをころがすように一周させボール状にする。左の手のひらに移して右手も添えリズミカルに上下に握る。やや平たい円型にととのえ、帯状のノリを巻き、残りも同様につくる。しっかり握っているようで、ふんわり仕上がれば上出来。
※おにぎりに入れる具は塩気があって保存の利くものが向く。油気や水分の多いものは禁物だが、パーティなどでバリエーションを楽しむ場合は、その場で食べ切るならよいと思う。だしで炊いた炊き込みごはんのおにぎり持参の遠出などは、いたみやすいので気をつけたい。

(4) おかゆ

日本のおかゆといえば代表されるのが七草がゆ。正月七日の人日《じんじつ》の節句に7種の春の草を入れたかゆを家族で食べて祝う行事食。正月の食べすぎの胃を休める七草がゆに限らず、朝食や体調をくずしたときの養生にもよいことから、かゆはすたれることのないごはんものである。米から仕込んだ炊きたてのふくいくとした白がゆは、加える水の量でやわらかさを調節する。一般的には米1、水5の全がゆか、米1、水7の七分がゆあたりがおすすめ。

●白がゆ（米からつくるおかゆ）

〈材料〉米半合（1／2合）　水2・5〜3カップ　塩小さじ1／3

〈つくり方〉

①米は洗ってザルにあげ30分おく。

②土鍋などに米と分量の水（好みで加減）を入れ、ふたをして中火にかける。煮立ったら火を弱めてふたをずらして、吹きこぼれないくらいの弱火で40分ほど静かに煮る。水分が減ってくると焦げつきやすいので、途中で様子をみて1〜2回混ぜる。鍋のまわりにうっすらとのり状の粘りが出始めたら、塩を加え、ふたをきちんとして、一瞬火を強めすぐ火を止め少しだけ蒸らす。

※七草がゆの場合は用意できる範囲の七草を下ゆでして刻み、炊き上がりのときに混ぜる。

●ごはんからつくるおかゆ

急ぐときにはごはんからおかゆを炊くと時短となって嬉しいもの。江戸時代の「ごはんの本」にもこのごはんを使うおかゆは度々登場する。ごはんを一度ざっと洗うとあるが省いても。

〈材料とつくり方〉（1人分）

ごはんを茶碗半分ほど（70g）と水1・5カップを合わせ、水の中でごはんをパラパラにほぐし中火にかける。煮立ってきたら火を弱めて全体を混ぜ、弱めの中火で25分炊く。

(5) 酒を飲んだあとにおすすめの三品

●雑炊

一品として独立した雑炊、酒のあとの雑炊などいろいろ楽しめる。昆布とかつお節のだしだけでなく、鶏や魚のスープ味もあって自在なばかりか、残りごはんの利用としてもすぐれもの。さらりと仕上げるために、冷やごはんを洗うレシピもあるが好みである。

冷やごはんを電子レンジで加熱してほぐしてから温かいだしに入れるとよい。まずは材料・手順とも手間いらずのこの一品。

●ワカメの雑炊

〈材料とつくり方〉

①茶碗1杯分のごはんをざっと洗う。

②だし200mℓに塩小さじ1／4、酒・醤油各小さじ1でみそ汁ほどの味をつけ①を入れる。煮立ったら一口大に切った生ワカメ適量を加えてさっと煮て器に盛り、イクラをのせる（口絵Ⅴページ）。

●こしょうめし

江戸時代のごはんの本を読むと、だしかお茶をかけて食べる汁かけめしが多いことに気づく。なかでも私のお気に入りはこしょうめし（口絵Ⅴページ）。

こしょうが日本に伝えられたのは飛鳥時代という。今や私たちのボーダーレスの料理にも黒こしょうが人気を誇る。

炊きたてのごはんに白（または黒）こしょうを挽いて混ぜたところに、吸いもの味にととのえた熱いだしをかけるだけである。鶏のスープでもお試しを。

〈材料とつくり方〉（1人分）

昆布とかつお節のだし150mℓほどに、塩、醤油で吸いものほどの味（塩小さじ1／5弱、醤油少々）をつけ温める。

茶碗に炊きたてのごはんを入れ、こしょうを挽いて混ぜ、熱いだしをかける。

※こしょう挽き（ペッパーミル）がなければ粗めにつぶしてもよい。口絵写真は赤こしょうもふっている。

2 みそ汁の基本と応用
——みそ汁ライフのすすめ

少し前になるが、スーパーマーケットのみそ売り場でのこと。顔見知りのフランス人のムッシュ（50代前半）が、かなり高品質のみそを購入しているのを目前にし、なぜか挑発されているような、微妙な気分になったことがある。こちらも負けじとばかり、とくに必要としない麦みそや加賀みそなどをつい購入していたのである。若干競争心があったかと思う。

そう、みそは醤油・昆布・かつお節と並び、和食がユネスコ無形文化遺産（2013年）になる以前から、国際的にも評価される調味料の代表格なのである。フランス人がみそを購入していてもおかしくはない。

というわけで、みその本題に入る。

炊きたての白いごはんとみその香りいっぱいの汁と漬けもの、これがあれば食事の形がととのう。汁と飯は並ぶだけで姿も美しく、ごちそうの風格すらある。まさにゴールデンコンビ。このような一汁一飯は最も簡素な献立の基本。これにおかずを加えて一汁一菜～三菜などとする。

汁とその実だけでごはんの伴侶という役割を担うみそ汁は、私たちの食事の基本である。

今また発酵食品の良さとしても評価されるみそ汁を手離さないためにもきちんと習得してもらいたい。みそ汁のすべてをおとどけする。

（1）みそ汁の基本　みその種類と特徴

みそ汁は、だしで実を煮て、みそを溶き入れてつくるシンプルな料理である。

「みそ」「だし」「実」が〝三味一体〟となったバランスの良いものが、おいしいみそ汁。

まずは「三味」を知ることから。

みそは麹《こうじ》の種類（米・麦・豆）や色で分類される。他にこれら3種のみそと混合した調合みそもある。

米みそ　米を原料とした麹「米麹」で大豆を発酵させたみそ。全国生産量の80％を占める最も一般的なみそ。色の違いで赤、淡色、白の3種類、さらに甘みそ、辛みそに分類される。

例・赤みそ（仙台、加賀、津軽など）、淡色みそ（信州みそなど）、白みそ（米麹を大豆の2倍量ほど使う甘いみそ。塩分が少ないので使用量が多くなる。早めに使い切ること。西京みそが有名）。

麦みそ・麦調合みそ　大豆を大麦または裸麦の麹「麦麹」で発酵させたみそ。昔、農家で自家用につくられていたことから田舎みそともいう。全国生産量10％、麦の配合割合により淡色・赤に分類され、赤は辛口がおも。米みそと合わせた調合みそもある。

豆みそ・豆調合みそ　原料は大豆のみで、大豆を直接

「豆麹」にしてつくったみそ。みその歴史のなかで一番古く、みその原型とみなされている。全国生産量5％ほど。

米みそを合わせた調合みその「赤だし」が有名。

(2) だしの種類と特徴

天然醸造であったころのみそは、だしを云々するまでもないほど旨かった、というのは昔日の話。今、みそ汁の旨さを担う骨格はおもにだし。だし不要のみそ汁（後述）もあるが、まずは決め手となるだしを知ることから。

ここでは昆布と煮干し、昆布とかつお節の2種のだしを取りあげる。両者はみそ汁のみならず、吸いもの、煮もの他、和食全般に使う基本のだし。だしをとる、は引くともいう。旨味を抽出する、引き出すという意味がある。

だしの素材の量が少なすぎて、思ったような旨味が出ないということも多いので、レシピを参考にすること。

●昆布と煮干しのだし

上等の昆布、鮮度抜群の煮干し（いりこ）で引いただしでお吸いもの（すまし汁）というのは圧巻であるが、ここではみそ汁の話。

煮干しはかたくちイワシを煮て干したものが一般的である。銀色に輝く新鮮なものを選び、びんや密閉容器に入れ冷蔵庫に入れて保存。煮干しの旨味と、コクのあるだしはみその力強さと相性ぴったり。水分の多い野菜の実にとくによく合う。

〈材料〉（2人分）煮干し10ｇ（4～5本）　昆布5㎝　水550～600㎖

〈つくり方〉

①煮干しは頭と、苦みや臭みのもとになる内臓を取り除く（好みで、頭をつけたままでもよい）。昆布は紙タオルを湿らせてさっと汚れをふきとる。

②鍋に煮干しと昆布、分量の水を入れて1時間おき（一晩でもよい）、やや弱めの中火にかけ、煮立ったら昆布を取り出す。

③煮干しだけになったら、さらに火を弱めて5～6分煮る。ぬらした紙タオルを敷いた万能こし器（ザル）でこす。

※分量の水と昆布、煮干しを一晩つけておけば、煮なくても

温めるだけで簡単にだしがとれる。だし素材を除いて加熱しみそを溶くだけ。忙しい朝におすすめ。

●昆布とかつお節のだし

和食のだしといえばこの合わせだしが基本である。みそ汁からお吸いものまで使える上品なだしで、一番だしといわれるもの。一番だしをとった材料をもう一度煮出したものが二番だし。みそ汁用にはすまし汁のときほど神経質にならず、少しぐらい煮出してもかまわない。このだしは赤だしなどに合う。

〈材料〉（2人分）かつお節（花がつお）15g　昆布5cm　水500mℓ

〈つくり方〉

①昆布は紙タオルを湿らせてさっと汚れをふき、分量の水につけて1時間おき、弱火にかけ、沸とうと同時に昆布を引き上げる。

②煮立ったら火を弱めて再び煮立ち始めたらかつお節を加え、火を止める（みそ汁の場合、ここでぐらぐらきてもよい）。

③かつお節が半分くらい沈むのを待つ。

④ぬらした紙タオルを敷いた万能こし器（ザル）で静かにこす。

（3）汁の実

みそは大抵の素材と相性がよいので、身近なところで汁の実を選べる。風味や彩り、歯ざわり、香り、浮くもの、沈むものから季節感など、一杯の汁の中で自在に楽しめると思えば、みそ汁づくりも苦でなくなる。

畑で採れた旬の野菜を、煮ものかと思うほどたくさん入れて汁の実にする農家のみそ汁は、おかずも兼ねていたもので、これが原点と思えば、身近な野菜で、日々みそ汁をつくることに親しみを覚える。

野菜は多いほどそれぞれがしみじみとしたいいだしを出す。

野菜は体内の塩分を排出するカリウムが多いので、まさに理にかなっている。

常備しておくと便利な野菜と乾物　汁の実はバランスを考えて選ぶ。通年野菜の玉ねぎ、にんじん、キャベツ、じゃがいも、大根などの買い置きがあれば、旬の材料との組み合わせもしやすくなる。

水分の多い野菜や豆腐には油あげなど油分と旨味のある材料を合わせる。

大きさを切りそろえ、煮えにくいもの、だしの出るものから入れる。

乾物は庄内麩、玉麩、とろろ昆布、ワカメなど。だしが出る長ねぎは必須アイテム。

吸口　吸いものやみそ汁をランクアップさせる香りあふれる薬味のこと。仕上げにのせたり、ふったりする。七味とうがらし、溶き辛子、こしょう、黄柚子、木の芽、おろししょうが、みょうが、白ごま、青ノリ

（4）基本のみそ汁

お手本として一例を紹介する。

みその量は一椀200mℓほどのだしに対し、約大さじ1弱。15gほどである。この分量は具やだしの旨味、みその種類によって加減するもので、あくまでも目安である。

みそはお気に入りを1種見つけるに限るが、2～3種組み合わせたものを合わせみそという。離れた土地の個性の違うみそをブレンドすることで深みのある味になる。

茶事でやるように、季節によって配合を変えるなどして楽しむようになれば、みそ汁ライフも上級者となる。みそは保存の利く食品だが、空気に触れると変質する。開封後は冷蔵庫に。

●豆腐とワカメとねぎのみそ汁

〈材料〉（2人分）だし（昆布と煮干しのだし）350～400mℓ　好みのみそ大さじ1と1／2～2　豆腐1／4丁　ワカメ（塩蔵）10g　油あげのせん切り少々　ねぎ（小口切り）適量

〈つくり方〉

①だしに油あげを入れ少し煮てさいの目に切った豆腐を入れて中火にかける。煮立ったら火を止めてみそをお玉などで溶いて鍋に戻す。

②再び火にかけ、ワカメとねぎを入れ、ぐらりとして煮立ってきたら火を止める。

※油あげは味だしに使うが、煮干しの十分な良いだしがとれていれば省く。お椀によそって好みの吸口をふることで、みその香りがいっそう引き立つ。

（5）みそ汁・応用編　①四季のみそ汁

玉ねぎ、じゃがいも、大根などの通年野菜と干しワカメ、麩などの乾物を使い回す普段着のみそ汁は、つくりやすく飽きない味である。そんな汁の一椀に思いを寄せるチャンスは四季にも訪れる。応用編では、季節に合わせたみそ使いを紹介する。

春のレシピ

早春のころは山菜の苦み、水ぬるむころには貝類もおいしくなる。生命力あふれる新野菜も目白押し。暖かくなるにつれ、徐々にさらりとした辛口の赤みそがちに。

冬の西京みそが残っているなら、少し肌寒い日には通常のみその半量ほどを混ぜるとよい。

●アサリとスナップえんどうのみそ汁

〈材料〉（2人分）アサリ（殻つき・砂抜きしたもの）100g　スナップえんどう6枚　だし350〜400mℓ　みそ大さじ1・5〜2（このうちあれば白みそを小さじ2ほど加えてみる。＝そのぶんみそを減らすこと）

〈つくり方〉

①アサリはよく洗い、スナップえんどうは筋をとる。

②鍋にだしとアサリを入れて火にかけ、貝が開いたら、すぐスナップえんどうを入れ1〜2分煮る。

③少量の汁でみそを溶き入れ、ぐらりときたら火を止める。

※おすすめ春野菜　菜の花、セリ、ウド、きぬさや、ニラ。

夏のレシピ

涼を心がける夏は、赤みそをメインにしてキリリと辛口に仕上げたい。おなじみの赤だしの出番が増える。養生の汁で知られる土用のシジミ汁しかり。

●なすとみょうがのみそ汁

なすと油、みその相性がきわだつ組み合わせ。ひなびていながら、どこか洗練された汁。

〈材料〉（2人分）なす1個　サラダ油適量　みょうが1個　だし350mℓ　赤だしみそ大さじ1・5〜2　吸口（七味とうがらしまたは粉山椒）

〈つくり方〉

①なすは8㎜の輪切りにし、すぐに油を敷いたフライパ

ンで両面色よく焼く。
②みょうがは小口切りにする。
③だしを煮立て①を入れ、少量の汁でみそを溶き入れ、再び煮立ったら火を止める。
④お椀に盛り②をのせ、吸口をふる。
※おすすめ野菜　オクラ、冬瓜、いんげん。

秋のレシピ

豊かに実る収穫の季節。きのこや根菜に、肉類も加えたりして、具だくさんの汁も楽しみたい。

秋が深まるにつれ、甘みを感じさせる野菜も多くなる。いつものみそに少しずつ甘めのみそ（西京みそや麦みそ）を加え、まるみのある味に仕立てるのもよいものである。

●さつまいもと焼きねぎのみそ汁

ほっくりした甘いいもには甘めの白みそや麦みそがよく合う。その場合は淡色の信州みそに、３割ほどの白みそを混ぜる。または甘みの少ない赤みそに３割の白みそを合わせてもよい。白みそがちの場合は、焼きねぎを入れると香りもよくなり、がぜん味が引きしまる。

〈材料〉（２人分）さつまいも80ｇ（小１／２本）　ねぎ（白い部分）１／２本　だし４５０㎖　みそ大さじ２

〈つくり方〉
①ねぎは３㎝に切りグリルか焼き網でこんがり焼く。
②さつまいもは１㎝の輪切りまたは半月に切り、水でざっとゆすぐ。
③だしに②を入れて火にかけ、やわらかくなるまで煮る。
④みそを溶き入れ①を加えて、ぐらりとしたら火を止める。お椀に盛り、吸口に一味とうがらしをふる。

冬のレシピ

寒さに耐えて甘みを増した葉ものや根菜、旬の魚など、濃厚で滋味のある食材が盛りを迎える。いつものみそに、こっくりと甘い白みそ、ときには新ものの酒粕などを多めに合わせてみるのもコクが増すし、わずかに濃度がついて冷めにくくなる。まさに冬に向くみそである。

西京みそは塩分が少ないので単品で使う場合は、他のみその倍量近く使う。味のまとめ役として淡色の信州みそを少し加えるとよい。

●冬野菜の白みそ仕立汁

〈材料〉（2人分）だし430㎖　西京みそ50g　信州淡色みそ小さじ2／3　小松菜30g　金時人参2㎝　焼きねぎ適量（秋のみそ汁参照）　溶き辛子

〈つくり方〉

①小松菜は2㎝に切る。金時人参は皮をむいて8㎜厚さに輪切りにする。

②だしににんじんを入れて火にかけ、煮立ったら1～2分煮て、小松菜と焼きねぎを入れ、さらに少し煮て、汁を少し取り分け2種のみそを溶き入れる。一煮したらお椀によそい吸口の溶き辛子を落とす。

⑹　みそ汁・応用編　②具だくさんのみそ汁

みそ汁の基本をマスターしたら、さらに腕を上げてごちそうのみそ汁をつくりたくなる。

年中人気のある豚汁、冬ならではの粕汁など、おみおつけ（御実御汁食）の名にふさわしい実だくさんの汁は、栄養のバランス抜群。

●さつま汁

その名の通り鹿児島の郷土料理。鶏の骨つきでつくるため、野菜に旨味がしみてだしを十分に味わえる。麦の合わせみそを使うがお好みである。量は多めにつくりたい。

〈材料〉鶏もも骨つきぶつ切り（小さめのカット）150g　大根100g　里いも小2個　にんじん30g　ごぼう25g　水またはだし900～950㎖　麦の合わせみそ大さじ4～4・5　青ねぎの小口切り少々　好みの吸口

〈つくり方〉

①大根は皮をむいて厚めのいちょう切り、にんじんは8㎜の輪切り、ごぼうはたわしで洗って小さめの乱切りにし、水に放しザルにあげる。里いもは皮をむき、小さいものは半分に切り、大きければいちょう切りにする。

②鍋に鶏肉、水またはだしを入れて火にかける。煮立ったらアクを除き、中火で7分ほど煮る。

③①の野菜をすべて加え、半分煮えたころにみその1／

3量を加え、さらにやわらかくなるまで煮る。
④煮汁で溶いた残りのみそを加え、一煮して青ねぎを散らす。お椀に盛り、吸口をふる。
※みそを2回に分けて加えるのがコツ。味のつきにくい野菜に下味をつけるための方法で、豚汁も同じ。

●粕汁

新粕が出回る12月ころから冬将軍の到来を知らされる。温まる粕汁は、汁だけつくってマグカップに入れ、ホットドリンクとして愛飲するのもいい。
この汁も白みそ同様、淡色みそと合わせる。

〈材料〉塩サケ1切れ（100g）　こんにゃく、大根、にんじん・里いも・ごぼう各40〜50g　酒粕大さじ2・5　淡色みそ大さじ2　だし650〜700ml　青ねぎの小口切り少々

〈つくり方〉
①塩サケはさっと洗って四つに切る。
②大根とにんじん、里いもは皮をむいていちょう切りにし、ごぼうは大きめの笹がきにして水に放す。こんにゃくは一口大にちぎってゆでる。
③鍋にだしと①、②を入れて中火にかけ、煮立ったらアクをすくう。
④みその1／3量を入れふたをして野菜がやわらかくなるまで弱火で煮る。
⑤残りのみそと酒粕を煮汁の一部で溶いて加え青ねぎをふる。
※板粕は少量の水を入れてラップをし1分ほど電子レンジで加熱するとやわらかくなる。

（7）みそ汁・応用編　③だしいらずのみそ汁

魚介や肉類など、素材から出る旨味を活かすだしのいらないみそ汁。水から煮て素材の旨味を十分に引き出してからみそを溶き入れる。野菜も多めに入れると、やわらかないいだしが出て、いっそう滋味が増す。

●炒めアサリのみそ汁

たっぷりの量をじっくり炒めて、まさにアサリのだしを味わう一汁。

〈材料〉（2人分）アサリ（殻つき）350〜400g　サラダ油大さじ1　水500ml　菜の花4本　みそ大さ

じ1・5〜2

〈つくり方〉

①アサリは海水ほどの塩水に入れ半日以上冷暗所（冷蔵庫など）においてて砂抜きをしてから、殻どうしをこすり洗いしてザルにあげる。

②鍋にサラダ油を熱し、①を入れて中火で炒める。アサリの口が開き始めたら水を加え、5〜6分煮る。

③汁に旨味が出て白っぽくなったら、食べやすい長さに切った菜の花を入れ、色が鮮やかになったらみそを溶き入れ一煮する。

※みそはアサリの塩分に気をつけて加減。

●ベーコン、玉ねぎ、青梗菜のみそ汁

ベーコンも玉ねぎも良いだしが出る優れもの。常備すると心強い。

〈材料〉（2人分）ベーコン1枚　玉ねぎ（小）1／4個　青梗菜1株　水400mℓ　みそ大さじ1・5〜2

〈つくり方〉

①ベーコンは一口大に切る。玉ねぎはくし型に切る。青梗菜は4〜5cmのざく切りにする。

②鍋に水400mℓと①を入れて中火にかける。煮立ったらさらに2〜3分煮て、みそを溶き入れて一煮する。

(8) だしみそ

ここまで、快適なみそ汁ライフを過ごすための知識と実践をまとめてみたが、仕上げにこのみそを紹介してしめくくりたい。

そのみその名は「だしみそ」。かつお節とみそを練り込んでなじませておくだけのもの。

みそ汁は「みそ・だし・実」が三味一体となって完結すると述べてきたが、一番気になっているだしとりを億劫がっていないだろうか。みそ汁を飲まなくなっているという当節、だしがクリアできたらの思いから工夫してみたものである（この組み合わせ、まさにゴールデンコンビと思う）。

かつお節とみそを練るという効率的な仕込みは昔の料理人も行なっていたことなので、私のオリジナルではない。

このだしみそからならみそ汁づくりを始められると思って下さる方向きで、簡単である。

このみそを丸め、お椀やときにはマイカップに入れて熱湯を注ぐだけ。だしの香りと旨味がほどよく、市販の即席みそ汁では味わえない、まさに煮えばなの風味が心地よい。

この方法ならば、初心者でもベテランでも、一杯のみそ汁がぐんと身近になると思う。

●千葉流だしみそ

〈材料〉（約12杯分） みそ200g（約1カップ） かつお節（小パック入り本枯節）20～30g

※かつお節の代わりに煮干し粉でもよい。

〈つくり方〉

みそにかつお節を入れ、全体がよく混ざるように練る。すぐ使っても一晩おいてもよい。

夏は冷蔵庫に入れておく。一日分を梅干し大に丸めてラップをしておくとよい。

このだしとみそのコラボレーションがあれば、朝と昼のみそ汁ライフも夢ではない。朝＝包丁いらず。忙しい朝とはいえ、せめて瞬時につくれる一杯のみそ汁で、心も体もすっきりさせて出かけたい。

昼は用意しただしみそに熱湯を注ぐだけ、お弁当向きである。脇役の青味や吸口も日替わりで。

●ブロッコリーとはんぺんのみそ汁

鍋に熱湯と、ハサミで切り分けたブロッコリーを入れて1分ほど煮て、だしみそを溶き入れ、一口にちぎったはんぺんを入れ、ひと煮立ちさせる。吸口は七味の他バターもよい。

●落とし卵・みつばのみそ汁

〈材料〉（1人分）卵1個 みつばまたはニラ少々 だしみそ大さじ1 熱湯200㎖ 吸口は青ノリ、もみノリ

〈つくり方〉

①鍋に熱湯を入れみそを溶く。

②お玉で汁をぐるぐる回転させ、渦巻ができたら卵を落とし、ぐらっときたらふたをして火を止め少し蒸らして半熟に仕上げる。

③1㎝に切ったみつばをお椀に入れ②を盛って吸口をふる。

●麩・ワカメ・青ねぎのみそ汁

〈材料〉（1人分）玉麩または刻み庄内麩適量　カットワカメ少々　青ねぎの小口切り少々　だしみそ小さじ2～2・5　熱湯180mℓ

〈つくり方〉
すべての材料をマイカップなどに入れ熱湯を注いで混ぜる。

●とろろ昆布・梅干し・大葉のみそ汁

〈材料〉（1人分）梅干し約1／3個　大葉（青じそ）のせん切り少々　とろろ昆布適量　だしみそ小さじ2　熱湯180～200mℓ

〈つくり方〉麩・ワカメ・青ねぎのみそ汁と同じ。

PART4

野菜をメインにしたひとり暮らし食事術（いも類、きのこ類も含む）

ひとり暮らしでとくに不足しがちなのが野菜。季節を知らせる最も身近な食材の野菜には、ビタミン、ミネラル、食物繊維など、体の機能を調整する栄養素が含まれています。人間の生理と野菜の生理が出合ったとき、それが「旬」。

四季の変遷に応じて変化する人間の体に、野菜もまた四季に応じて自らがもつ栄養や解毒作用を変化させ、私たちの体を健康に保ってくれます。野菜（自然）の生理と人間の生理は、根本のところで一致しているのです。

かくして、〝ひとり料理〟にも不可欠なのが野菜のおかずですが、これが最も不足しがちなのが、ほかならぬ、そのひとり暮らしの方々です。

主菜といえば肉・魚を優先しがちですが、本書では旬の野菜を主菜並みにボリュームアップして食べる工夫や、ひとり料理だからこそ残さず食べ切る、ときにはつくりおきを楽しむなど、春夏秋冬、心おきなく野菜のおいしさに迫る術《すべ》を紹介します。おかげで、味覚力がアップし、料理への関心が向上することうけあいです。

1 春のレシピ

春は、始まりの季節。新芽、新ワカメ、新じゃがなど、「新」がつく野菜がいっせいに出回り始める。保存が利くと思って保管していたじゃがいも、玉ねぎを筆頭に、キャベツ、かぶ、大根、にんじん、ごぼう、にんにく（の芽も）など、数えきれないほどの新もの登場である。

また、三寒四温ともいい、気候が定まらず、どこかけだるい春先。季節の変わりめになじまない私たちの体調にゲキを飛ばし、ととのえてくれるかのような山菜の存在も見逃せない。

山菜はそのホロ苦さと香りの強さで、こもりがちだった冬型生活から覚せいするよう促してくれる。酢みそ和えや、天ぷらなど、この季節に一度は食卓にのせたいもの。

さて、日常のなかで旬をよりわかりやすく知らせるのは八百屋さんの店先。

山菜の次はフキ、ウド、たけのこ。これらが暮れからお正月にかけて登場するのは、おせちが「新春」、つまり春のものだから。年明け早々から「新じゃが」という表示を見つけ、日本のじゃがいもはここからという長崎産であることをこの目で確かめたい。

追いかけるように、きぬさや、スナップえんどう、えんどう豆、いんげんなどつる性の豆類、アスパラガス、そら豆、と続きます。そのそら豆、青森産が終わったら今年の新ものはおしまい、と八百屋さんに教わった。たけのこと並んでそら豆だけは期間限定、ここからは夏野菜という意味合いのようだ。

もう一つ、和食に欠かせない香りNo.1は山椒の若芽。吸いものや春のすし、若竹煮の天盛り、魚の煮もの、焼きものなどにうってつけ。

冬の柚子と並んで「吸口」（おもに椀ものに添えられる季節の香味野菜）の王様だ。

5月半ばともなると、この山椒は実山椒となり、関東でもフレッシュなものが出回るようになったが、京みやげのちりめん山椒にも欠かせない。

●新玉ねぎの丸煮

甘さとともに水々しくやわらかなのが新玉ねぎ。ひな鶏のように小ぶりで愛らしいものを選んでめんつゆ味で丸ごと煮る。

〈材料〉新玉ねぎ小2～4個　煮汁（だし1・5カップ　醤油・みりん各大さじ2　塩少々）

〈つくり方〉

玉ねぎは皮をむいて鍋に入れ、煮汁を張って火にかけ、煮立ったらアルミ箔のまん中あたりに直径1cmほどの穴をあけて落としぶたにし、弱めの中火でことこと15〜20分煮る。煮汁につけたまま冷まし、味を含ませる。

もう一品

●サワラのバター焼き、菜の花添え

お手頃値段で出回る旬のサワラを、あっさり味の洋風塩焼き風に。菜の花のホロ苦さとベストマッチ。

〈材料〉サワラ2切　塩・こしょう適量　小麦粉適量　菜の花1束　サラダ油大さじ1　バター大さじ1

〈つくり方〉

①サワラに塩少々をふりかけ10分ほどおく。

②菜の花は、かたい部分を3cmほど切り落とし、長さを半分に切り、熱湯でさっとゆでザルにあげる。

③①の水気をふいて、こしょう少々をふり、小麦粉を全体にまぶし、余分な粉を払う。

④熱したフライパンにサラダ油を流し、③を入れ中火にかける。まわりが白っぽくなってきたら、フライパンを傾けて、焼き油を（フライパンの中で焼けた油）をスプーンでかけながらさらに1分ほど焼く。

⑤魚を返して少し寄せて、②を入れて温め、バターを全体にちぎって加え、少々の塩を補い味をととのえる。

※菜の花は切り口が乾いていない、つぼみのしっかりしたものを選ぶ。

●春野菜とソーセージ（ウインナー）の蒸し煮

水々しく、さわやかな春の野菜は出回る時季が短いので、これでもかと欲張った「鍋の中」。日曜日のブランチなどにおすすめ。

〈材料〉にんにく小一片　新玉ねぎ小1個（100〜150g）　春キャベツ1／4個　スナップえんどう（または、きぬさや）6本　アスパラガス1束　好みのソーセージ（ウインナー）4〜6本（またはベーコン100g）　オリーブ油大さじ1・5　水または白ワイン大さじ2　ザワークラウト1／2カップ　塩、こしょう適量　辛子

〈つくり方〉

①にんにくと玉ねぎは薄切りにする。

②スナップえんどうは筋をとる。

③アスパラガスは根元を1cmほど切り落とし、さらに下半分のかたい皮をピーラーなどで薄くむいて、長さを三つに切る。
④キャベツは芯を薄切りにし、葉は大きくちぎる。
⑤鍋にオリーブ油を入れ、①を入れてざっと炒め残りの②、③、④も入れ、塩少々を全体につまみ入れ、水またはワインを入れ、ひと煮立ちさせる。
⑥ザワークラウト、ソーセージを入れ、ざっと全体を混ぜ、ふたをして弱火で4～5分煮る。野菜は好みで色よく歯ごたえを残すもよし、ややくったり煮るもよし、そこは好みで。こしょうをふり、辛子を添えて盛る。

※ザワークラウト
ドイツ名物の塩づけキャベツ。せん切りキャベツに塩をしただけで乳酸発酵させたもの。日本の古漬けを思わせる。無添加のびん詰めがおすすめ。お手頃価格で、ベーコンやソーセージによく合う。

もう一品
●カリフラワーときゅうりのピクルス

冬の洋野菜の代表格と思いきや、春もまたカリフラワーの出番あり。冬にくらべ安価だったりするので、市販品のきゅうりのピクルスとミックスしてみたら、なかなかの趣向。

〈材料〉 カリフラワー小1株　マリネ液（酢1／3カップ　水1／4カップ　砂糖大さじ3　塩小さじ1／2）きゅうりのピクルス市販品（汁含め約400g）1びん

〈つくり方〉
①カリフラワーは小房に分け、煮立った湯に入れ、再び煮立ったら2～3分ゆで、ザルにあげる（かたさは好み）。
②マリネ液（漬け汁のこと）の材料をすべて混ぜ合わせ、ひと煮立ちさせて冷まし、①を漬ける。冷めたら市販のピクルスを汁ごと合わせミックスピクルスにする（同じように酢れんこんもつくれる）。

●春キャベツのピリ辛サラダ

5月初めくらいまでの出荷ながら、巻きも葉もやわらかで、新緑色のさわやかな春キャベツ。手でちぎって、またはせん切りにしてぜひ生食を。こんなにおいしかったかと思うほど、いくらでも食べられる。安ければ一個買いを。まずはコリア風サラダで。

〈材料〉 春キャベツ1／4個（約250～300g）

タレ（醤油大さじ2　砂糖小さじ2　すりごま大さじ1　おろしにんにく少々　ねぎのみじん切り小さじ1　粉とうがらし少々　ごま油大さじ1・5）

〈つくり方〉

①キャベツは1枚ずつはがして洗い、くるりと巻いてせん切りにしもう一度水に放し、すぐ水気をよく切る。

②食べる直前に、すべて混ぜ合わせたタレで①を和える。

もう一品

●鶏のから揚げ

おなじみのから揚げ、私のレシピは下味にカイエヌペッパーを加えるので少々ピリ辛。ゴロンとしたブロッコリーも春物があるので素揚げにします。

〈材料〉 鶏もも肉1枚（約200g）　肉の下味（醤油大さじ1　酒小さじ2　おろししょうが小1片分　塩小さじ1／4　カイエヌペッパー小さじ1／3）　かたくり粉　揚げ油適量　ブロッコリー1／2株　ミニトマト

〈つくり方〉

①鶏もも肉は大きめの一口大に切って、下味の調味料をからませ20分ほどおく。

②ブロッコリーは小房に分け、170℃の揚げ油で2分ほど色よく揚げる。

③①の鶏肉に、かたくり粉をたっぷりまぶし、軽く粉気をはたいてから、170℃の油で揚げる。はじめのシュワシュワした弱い音の状態から、水分が蒸発して音が力強くなり、香ばしい色も、香りもついてきたころが揚げあがり。

④③とミニトマト、ブロッコリーを盛り合わせる。

●ニラレバ炒め

春先にやわらかな新ものが出るニラ。日差しが強くなるにつれ、しっかりとたくましく育ってレバーに負けない味をかもし出す。

レバーは入手しやすい鶏を使うが、豚レバーでもよい。いずれも血抜きなどせず、下味のみで炒め合わせる。好みでさっと下ゆでをしてもよい。

〈材料〉 鶏レバー200g　塩少々　酒（あれば紹興

酒）小さじ2　かたくり粉適量　にんにく小1片　しょうが小1片　ねぎ1／2本　ニラ1束（約150g）もやし100g（約1／2袋）　a（砂糖小さじ1　醤油大さじ2　酒または紹興酒大さじ1）　サラダ油・ごま油各大さじ1　黒こしょう少々

〈つくり方〉

①レバーは斜め薄切りにし塩少々と酒をふって下味をつけてからかたくり粉をまぶす。

②にんにく、しょうがは薄切り、ねぎは斜め薄切り、ニラは4cmに切る。

③フライパンにサラダ油を熱くし、①のレバーを入れ、両面色よく焼きつけて取り出す。

④③の鍋をふいてごま油を入れ、にんにくしょうがを入れて香りが出たら、ニラ、もやしを入れて炒め合わせ、③を戻し入れ、aの調味料を2回に分けて回し入れ、ねぎを入れて炒め合わせ、黒こしょうをふって火を止める。

もう一品

●新ごぼうと鶏スペアリブのスープ

ほっそりとしてアクが少なくやわらかな新ごぼうは早く煮える。鶏のスペアリブとは、手羽先を縦二つ割にしたもので、骨からだしが出るし、コラーゲンも期待できる。

〈材料〉新ごぼう小1本（約100g）　鶏スペアリブ6本　水6カップ　だし昆布5cm　塩、醤油適量　こしょう、青ねぎの小口切り各少々

〈つくり方〉

①新ごぼうは表面をたわしなどでざっとこすって洗い、長さを5～6cmに切り、水にくぐらせすぐザルにあげる。

②鍋に水6カップ、昆布、①、鶏スペアリブを入れ中火にかけ、煮立ったら火を落とし、アクをすくい、ごぼうがやわらかくなるまで15～20分煮る。

③昆布を取り出し、調味料で味をととのえ器に盛り、青ねぎを入れこしょうをふる。

●にんにくの芽と牛肉のオイスターソース炒め

長い間輸入野菜だったにんにくの芽。春には国産が出回り、新鮮な味が楽しめる。

豆板醤、新玉ねぎも加えて、ごはんが進むピリ辛おかずに。

〈材料〉 牛焼き肉用150g　a（酒・醤油各小さじ1　かたくり粉小さじ1　こしょう少々）　しょうが薄切り2枚　豆板醤小さじ1／2　b（オイスターソース・醤油各小さじ1・5　酒または紹興酒小さじ2）　サラダ油大さじ2　にんにくの芽1束（約100g）　新玉ねぎ1／2個　ごま油、こしょう各少々

〈つくり方〉

①牛肉は一口大ほどのそぎ切りにし、aの調味料をざっともみ込んでおく。玉ねぎは薄切りにする。

②にんにくの芽はかたい部分を1cmほど切り落とし、4cmほどに切り、かためにゆでる。

③フライパンに油としょうがを入れて炒め、香りがしてきたら、一度火を止めて温度を少し下げて①の牛肉を入れる。

④再び火をつけて肉をほぐしながら炒める。

⑤肉にやや赤みが残っているくらいで、玉ねぎを加えざっと炒める。②を加えて炒め合わせ、豆板醤を入れて香りを出す。

⑥合わせておいたbの調味料を回し入れ、強火にして手早く炒め合わせ、ごま油少々とこしょうをふる。

もう一品

●新ワカメとわけぎのナムル

春先から初夏にかけて、「刺身ワカメ」の表示で、生食用の旬のワカメがお目見えする。出合いもののわけぎと組み合わせたぬた（酢みそ和え）もよいが、同じ組み合わせでナムルを。

〈材料〉 刺身用生ワカメ60g　わけぎ1束　ごま油小さじ2・5　醤油小さじ1　塩少々　炒りごま少々

〈つくり方〉

①ワカメは一口大に切り、そのままでもよいがさっと熱湯を回しかけ水気をよく切る。

②わけぎは長さを二つに切り、熱湯に白い部分から入れて少ししてから、青い部分も一緒に入れ、煮立ちかけ

たらすぐザルにあげ冷ます。まな板に並べ置き、包丁の先でぬめりをしごき、3cmに切り、ざっと水気を絞る。

③①と②をごま油で和えてから、醤油、塩で味をととのえごまをふる。

②夏のレシピ

若葉繁る新緑の初夏から、涼を心がける盛夏へと変わる季節。

味覚的には冷たい料理や、淡く酸味の利いた味に親しみたくなる。畑からはお待ちかね、露地物(野菜)の出番到来。

夏の強い日差しのなかで、たくましく育って水分たっぷりのトマト、なす、きゅうりやにがうり、冬瓜などおなじみの夏野菜がたくさんそろうとき。なかでも、なす、トマト、きゅうりの三点は毎日食べても飽きない身近な野菜。

それだけに調理法も豊富である。

油との相性も良いところから、夏バテ対策面でも欠かせない必須アイテム。

7月末ごろから出盛りになると、味も格別、値段も安くなり、夏の盛りを実感させられる。とりわけ、なすは生の漬けもの類を除いて、加熱することでごはんに合う調理法がめっぽう多い。この項では、なすの料理をとくに味わいつくしたくて、料理のレシピを増やしている。

さて季節の野菜の旬や特徴を知るうえで、役立つのは原産地を知っておくこと。

ちなみになすは「なすのカレー」も存在するインドが原産といわれる。

8世紀ごろ、中国経由で伝播されたという経緯を知ると、油とよく合い精進料理にも愛されるなすの横顔に触れた気がする。

●なすとピーマンのみそ炒め

なすを小さめの半月切りにして、じっくり炒めてみそ味で仕上げるのもよいが時間がかかる。ここではピーマンとともに大きめの乱切りにして素揚げしたものにみそ味をからめたつくり方で。

〈材料〉 なす4個　ピーマン2個　揚げ油適量　a(み

そ大さじ2〜3　砂糖小さじ2・5　酒大さじ1）　大葉のせん切り5枚分

〈つくり方〉

①なすは乱切りにし、ピーマンは半分に切り、種を除いてなすと同じ大きさに切る。

②鍋にa調味料を合わせておく。

③揚げ油を170℃に熱し、なすを皮目を下にして入れカラリと揚げ、ピーマンもさっと揚げる。

④揚げた③を②の調味料を入れた鍋に入れ、弱火にかけてみそを全体にからめ、大葉のせん切りを加えて混ぜ合わせる。

もう一品

●タコときゅうりの酢のもの

タコもきゅうりも夏のもの。火を使わない一品も欠かせない。

〈材料〉 きゅうり1本　塩小1／4　刺身用ゆでダコ適量　おろししょうが少々　a（酢大1・5　醤油大さじ1　砂糖少々）

〈つくり方〉

①きゅうりは小口切り（端から薄い輪切り）にし、塩でもみ10分ほどおき、しんなりしたら水気を絞る。タコは食べよい大きさに切る。aは合わせておく。

②①を冷蔵庫で冷やしておいて、食べる直前に器に盛り、aを回しかけ、おろししょうがをのせる。

もう一品

●焼き塩サバ

国産や北欧産の生干しサバはボリュームがあってお手軽。みょうがの甘酢を添えて。

〈材料〉 塩サバ半身1枚　酒大さじ1　みょうがの甘酢漬け（みょうが4〜5本、甘酢　水・酢各大さじ3　砂糖大さじ1・5　塩小さじ1／4）

〈つくり方〉

①みょうがは縦二つに切り、さっとゆでザルにあげる。甘酢の材料を火にかけ調味料が溶けたら冷ましてみょうがを漬ける。

②サバの水気をふいて酒をふって10分ほどおいて二つに切りグリルなどで焼く。

③色よく焼いたサバにみょうがの甘酢漬けを添える。

※みょうがはゆですぎないこと。

●なすの山かけ

蒸し暑い夏には冷たいなすの煮ものは、ノドごしが心地よくて、いくらでも食べられる。

色を気にしない田舎煮風もあって人気のなす煮を、焼きみょうばん水につけ色出しの工夫を施し、少し上等に仕上げてみる。

だしに干しエビを使うところがポイント。

〈材料〉なす2個　焼きみょうばん小さじ1／2　オクラ3本　長いも適量　a（だし1・5カップ　濃い口醤油大さじ1・5　うす口醤油大さじ1／2　みりん大さじ2　干しエビ小さじ2）

〈つくり方〉

①なすはヘタをとり、縦半分に切り、皮目に浅く斜め5㎜幅の切り目を入れる。

②ボウルに水1・5カップと焼きみょうばんを合わせ、①を15分ほど浸し、洗ってザルにあげる。

③鍋にaを入れて煮立てなすを入れ、ふたをしてなすがやわらかくなるまで5〜6分煮る。鍋底を氷水につけて急冷し、なすの色が戻るまでつけておく。

④オクラはゆでて小口切りにし、長いもは皮をむいてすりおろす。

⑤器になすを盛り、長いもとオクラを添えて煮汁を張る。

もう一品

●鶏の照り焼き

タレの味がなじむように、鶏肉の皮目をフォークで突いてから下味をつけて、フライパンで照り焼き。ごはんにもビールにも向く。

〈材料〉鶏もも肉大1枚　醤油大さじ1　サラダ油小さじ1　タレ（醤油大さじ1・5〜2　酒・みりん・砂糖各大さじ1・5〜2）　粉山椒少々

〈つくり方〉

①鶏肉の皮目をフォークで数カ所突いてから下味の醤油をまぶす（フォークで突くのは、焼き縮み防止と味のからみをよくするため）。

②フライパンにサラダ油を熱し、①を皮目から入れ、中火でこんがり焼き色がつくまで焼く。裏返してふたをし、竹串がスーと通るまで弱火で焼く。

③タレがからみやすいように余分な脂分を紙タオルでふきとり、タレをすべて注ぎ入れる。からめるように鍋をゆすりながら2～3分焼き、ツヤよく仕上げる。少し冷まして切り分けタレをかけ粉山椒をふる。

●なすの冷たいスープ

塩もみするだけで食べられる水なすをバージンオリーブ油で和えると絶品だが、焼なすならば誰しも知る素朴な食べ方。

出盛りならではのみずみずしいなすを焼いてシンプルなスープに仕立てる。

出盛りのなすは姿がホッソリとしていて火の通りが早いという。真っ黒に焼いた香ばしさも味のうち。

〈材料〉 焼きなす2～3本　洋風スープの素1／2個　湯175～200㎖　牛乳1／3カップ　塩小さじ1／6強　こしょう少々　生クリーム大さじ1～1・5

〈つくり方〉

①スープの素は砕いて湯に溶かし、冷ましておく。

②焼きなすは皮をむいて粗く刻む。①とともにミキサーにかけ、なめらかになったらボウルに移し入れる。牛乳、塩、こしょうを加えて混ぜ、冷蔵庫で冷やす。

③食べる直前に生クリームを加えて混ぜる。

もう一品

●鶏ささみの青じそパン粉焼き

スープに合わせて洋風でもう一品。

鶏のささみを軽く叩いて、片面に青じそ入りのパン粉をつけて香りよく焼いた一皿。

ソースはマヨネーズ、トマトソースなどお好みで。付け合わせはズッキーニのバター炒めを。

〈材料〉 鶏のささみ（小さめ）4枚　塩・こしょう各適量　小麦粉・とき卵・パン粉各適量　サラダ油大さじ3～4　大葉（青じそ）のせん切り10枚分　ズッキーニ1本　バター適量　ソース（マヨネーズ、トマトソースなど好みのものを）

〈つくり方〉

①ささみは裏返して白くみえている筋を包丁の先でなぞって取り除く。塩、こしょうを軽くして、ラップではさみ、めん棒などで軽く叩いてやや平らにする。

②①に小麦粉をまぶし、とき卵をくぐらせ大葉を混ぜた

パン粉をつける。
③フライパンにサラダ油と、②をそっと入れて火をつける。中火にして油をスプーンでかけながら焼く。片面が色づいたら返して弱めの火加減で色よく焼き上げ取り出す。
④ズッキーニは8㎜ほどの輪切りにし、小麦粉をまぶし、残りのとき卵をくぐらせる。フライパンにサラダ油を補って、色よく両面を焼きつけ、軽く塩、こしょうをふって③と盛り合わせる。

●ラタトゥイユ

ニース風野菜の煮込みといえばこれ。プロヴァンスの煮込み料理が語源という夏野菜満載の一品。野菜をオリーブ油で炒めたあとは、その水分を少々の塩味のみで煮上げる。力強い夏野菜を、トマトの旨味とオリーブ油のコクがまとめていて小気味よい。

冷やしてツルリとしたノドごしを楽しむもよしだが、温かい付け合わせや肉の煮込みのソースにも展開できるすぐれもの。

暑気払いには、たっぷりつくって冷やし鉢がおすすめ。

〈材料〉玉ねぎ小1個　なす4〜5個　トマト2個　ピーマン2個　パプリカ1個（赤・黄いずれか）　ズッキーニ1本　にんにくみじん切り1片分　オリーブ油大さじ3〜4　塩小さじ1／2　こしょう・砂糖各少々　ローリエ1枚

〈つくり方〉
①玉ねぎは縦半分に切ってから薄切りにする。
②なすは1・5㎝の半月切りにする。ピーマン、パプリカは半分に切り、種を除いて一口大に切る。ズッキーニも同じ大きさに切る。
③トマトは熱湯にくぐらせ皮をむき（湯むき）ざく切りにする。
④鍋にオリーブ油の半量と玉ねぎを入れて火にかけ、ゆっくりと炒める。しんなりしたらにんにくを加えて炒め、香りが出たらオリーブ油を補って②の野菜を入れて炒め、全体に油がいきわたったら③を加え、塩、こしょうで調味しローリエを加え、ふたをして弱火で20分ほど煮る。
※トマトの酸味などによるが、好みで砂糖少々を加えてもよい。トマトの水煮缶を使う場合は約1／2〜2／3缶（一

缶400g入り）をザルでこして加える。

もう一品

●ハンバーグ

迷った末にハンバーグにいきついたのは、ごはんにも合うと思ったから。

焼いただけのところに、ラタトゥイユをたっぷり添えるだけで、ソースと付け合わせの二役を演じてくれる。玉ねぎは炒めずに加えるが挽肉の粒子に合わせ細かく刻むとよい。

〈材料〉合挽肉200g　玉ねぎのみじん切り小1／2個分　a（生パン粉1／3カップ　牛乳1／4カップ　塩小さじ1／4　こしょう少々　あればナツメグ少々）サラダ油小さじ2

※ラタトゥイユがない場合のソースb（トマトケチャップ・水各大さじ2・5　ウスターソース小さじ2）バター小1・5。

〈つくり方〉

①ボウルに合挽肉と玉ねぎのみじん切りを入れ、合わせたaの材料を加えて混ぜ合わせる。

②2等分して平らなだ円型にまとめる。

③フライパンにサラダ油を熱し、②を入れて中火にする。ふたをして、焼き色がつくまで弱めの中火で3～4分、さらに返して中まで火が通るまで弱火で5～6分焼く（あればここで赤ワイン大さじ1・5ほど回しかけ強火でアルコールを飛ばし肉を取り出す）。

※ラタトゥイユがない場合のソースは、ハンバーグを取り出したあとのフライパンに、bの調味料を入れ、木ベラで旨味をこそげるようにして混ぜ、とろりとしてきたらバターを入れて混ぜ合わせてハンバーグにかける。

なすの田楽二題

なす三昧かとあきれられそうだが、みそとの相性抜群の〝田楽〟を見逃すわけにいかない。今と違って、夏場は魚の種類が少なく、そのため季節の野菜のがんばりどきであったともれ聞くが、油との相性も良いみそ味勝負の田楽は酒肴はもとよりごはんの友。

一般的ななすといえば千両なす。

他にボディが豊満な丸なす系に加茂なす、水なす、米なすがあり、身が締まっており煮くずれしにくいのが特徴である。
このうち米なすだけが「ガク」（ヘタ）が若緑色でひときわ目を引くので覚えておくとよい。

●一口田楽

千両なすを揚げて練りみそをのせ、一口でほおばるお手軽ミニ田楽。弁当や酒肴に。

〈材料〉なす3〜4個　揚げ油　田楽みそ（みそ80g　砂糖大さじ5　みりん大さじ2　酒大さじ1　だし大さじ1・5）　炒りごま少々

〈つくり方〉

①なすはヘタ（ガク）をとり、2・5cmほどの輪切りにし、片面の切り口に包丁の先で斜め格子の浅い切り目を入れておく。
②田楽みその材料を小鍋に入れて木ベラで練り混ぜ、弱火にかけてポッテリするまで（もとのみそのやわらかさになるまで）ツヤよく練り上げる。
③揚げ油を中温（170℃くらい）に熱し、①のなすを入れて返しながら1〜2分ほど揚げる。
④油を切って、切り口を上にし②のみそを適量のせごまをふる。そのままでも、オーブントースターで焼き目をつけてもよい。

●加茂なすの田楽

豊満なだけに焼く時間がかかる。焼き油をかけながら気長に揚げ焼きにする。時間をかけたぶん報われる、食べごたえも十分な夏のごちそうである。なすの産地にちなみ田楽のみそは西京みそを使う。

〈材料〉加茂なす1個（約300g）田楽みそ（西京みそ100g　酒・みりん各小さじ1　白練りごま・砂糖各小さじ1／2　卵黄小1個　水大さじ1）　サラダ油大さじ3〜4

〈つくり方〉

①小鍋に田舎みその材料をすべて入れて混ぜ合わせ弱めの中火にかける、みりんを焦がさないように全体を混ぜながら、もとのみそのかたさほどにツヤよく練り上げる。
②なすの天地（上下）を薄く切り落とし、横半分に切る。両方の切り口に菜箸で10ヶ所ほど突いて穴をあけ、サラダ油少々を塗る。

③フライパンにサラダ油大さじ3〜4を入れて中火で熱し、なすを入れて切り口を両面こんがりと焼きつけ、裏を返して油をスプーンで回しかけながら同様に焼き上げる。
④③を取り出して、片面に①のみそを塗って、みその表面に包丁の背で格子状の筋をつける。ガス台のグリルでみそにこんがり焼き色をつける。

もう一品
●蒸しホタテのしぐれ煮

なすで時間をかけたぶん手早くできる一品。すでに加熱ずみの蒸しホタテに名前の由来でもあるしょうがのせん切りをプラスして、甘辛に煮つけるもの。
※なすの一口田楽、ホタテのしぐれ煮、卵焼き、みょうがの甘酢で弁当はいかが。

〈材料〉蒸しホタテ6個　a（酒大さじ5　みりん・砂糖各大さじ1　醤油大さじ2）　しょうがのせん切り小1片分

〈つくり方〉
①aを煮立てしょうがのせん切りとホタテを入れふたをして、弱めの中火で4〜5分煮る。ふたをとり強火にし、汁気を飛ばしツヤよく煮上げる。

③ 秋のレシピ

夏の名残りをとどめながら、少しずつ空気が冷たくなってくる季節の移ろいに物思う秋……。

いや、豊かに熟れ実る、まさに食欲の秋到来。走りの食材が少しずつ登場し、淡白で涼しさを演出する夏の食卓から、ガラリと変わって、力強く実った素材と取り組む楽しみが増す。気候に合わせて、味つけも濃く温かなものへと移りゆく時季である。

新米も出回るころなので、まず栗、きのこ、種類の多いいも類など、山の恵みと炊こうか。きのこもいもも食物繊維が多く胃や腸の調子をととのえるという。

秋の野菜は、筆頭にごぼう、れんこん、いも類が出盛り、大根、かぶ、ねぎ、葉ものなど冬型の走りが登場する。

本項ではなるべく手をかけずに、素材を活かすことを一番に心がけ、シンプルな調理法を紹介したい。

＊

やや旧聞ながら、毎年8月の終わりといえば思い出す八百屋さんの光景のこと。

店頭に並ぶのは早生種の洋梨バートレット、ワイン用でもあるらしい黒ぶどうのキャンベルやベリーA種、そして新栗。

この3種の揃い踏みというのが、9月ではなく、8月の末であることが妙に嬉しかった。まさに食暦。さあ9月、秋ですよと知らせるが如く、そのころで10年以上も変わることなく律儀に店頭を飾ってくれたおかげで、秋の到来を知らされ、秘かにかみしめたものだ。

さて今は昔、8月中にこの3種がそろうことはかなわず、気候の変化や食事情との関連を感じる。とくに美味なる純ジュースを抽出して、ゼリーやジャムを楽しむ黒ぶどうの類は店頭からほぼ消えた様子で残念至極。以来私の8月の終わりは小さなときめきを失い、いたく味気ないものになった。

●冬瓜と鶏スペアリブのスープ

夏にとれる水分たっぷりの瓜であるが、冬まで貯蔵が利くところからその名がある。

切り売りがおもで、必ず店先にあるので食指が動く。秋風を肌身に感じるころ、温かいスープにして、淡白な味を知るのもよい。薄味仕立ての和風では皮目の色出しに重曹でこすったり、わざわざ下ゆでをするなど手間をかける。このスープは骨つき手羽先から旨味を抽出しながら、生の冬瓜とともに煮ていくので手間いらず。

〈材料〉 冬瓜200g　鶏のスペアリブ8本　塩小さじ1／2　a（水4・5カップ　固形スープの素1／2個　酒大さじ2）　塩・こしょう各少々

〈つくり方〉

①スペアリブは塩をして15分ほどおく。

②冬瓜はわたと種をとり、1・5cm角ほどに切り皮を薄くむく。

③鍋にaと①を入れ強火にかける。煮立ったらアクをとり、②を入れて弱めの中火にして、冬瓜に竹串がスーと通るまで15分ほど煮る。塩、こしょうで味をととのえる。

もう一品

●ししとうとじゃこの炒めもの

使う材料を切らずにすませる手軽なスタミナ料理。

〈材料〉 ししとう1パック　ちりめんじゃこ大さじ3　おろしにんにく小さじ1　ごま油大さじ1・5　醤油大さじ1　白炒りごま大さじ1

〈つくり方〉

①ししとうはヘタを手で折り、包丁の先で縦に1本切り目を入れておく。

②フライパンにごま油を熱しししとうを入れて炒め、色鮮やかになったらおろしにんにくを入れて炒めて香りをだし、じゃこを入れて全体を混ぜながら炒め、醤油を回しかけ、ごまをふる。

●れんこんまんじゅうの甘酢あん

れんこんは秋冬の野菜とされるが、新ものが出始めるのは、新暦のお盆のころ。まだ細身で清楚な純白の切り口が水々しく、れんこんの甘酢漬けは新ものに限る、と断言できる美しさに仕上がる。消炎作用や肺を潤す働きがあり、ビタミンCも多く含まれるというので、季節の変わり目の風邪予防にもよさそう。

まずはすりおろして揚げるだけの、素朴でいて小ジャレたれんこんまんじゅうはいかが。

〈材料〉 れんこん1節（約250g）　かたくり粉大さじ3〜4　塩少々　生しいたけ2枚　揚げ油　甘酢あん（だし150mℓ　砂糖小さじ2・5　酢大さじ1・5　醤油大さじ1・5）　a（かたくり粉小さじ2・5　水大さじ2）　ピーマン1個

〈つくり方〉

①れんこんは皮をむいてさっと水洗いし、おろし金ですりおろし、ザルにあげて水気を切ってから軽く絞る。これにかたくり粉と塩少々を加えて混ぜ合わせ、4個に分けだ円に形づくる。

②生しいたけは石づきを半分ほど切る。

③ピーマンは縦四つに切り種を除く。

④揚げ油を中温に熱し①を入れ、きつね色になるまで返しながら2〜3分揚げて取り出す。この油に②を入れてカラリと揚げる。

⑤しいたけを取り出したら火を止め余熱でピーマンを

さっと揚げる。

⑥小鍋に甘酢あんの材料を入れて中火にかけａの水溶きかたくり粉でとろみをつける。

⑦器に⑤を盛り合わせ⑥のあんをかける。

もう一品

●戻りガツオの酒盗和え

回遊魚のカツオは秋口に南下するころ、脂が乗って食べごろとなり、別名戻りガツオと呼ばれ人気がある。酒盗は同じカツオの内臓の塩辛。呼び名の由来は酒を盗んでまでも食べたいということからか。酒肴や熱々のごはんによく合う大人向きの逸品。

〈材料〉カツオの刺身適量　カツオの塩辛（酒盗）大さじ1～1・5　ポン酢大さじ1・5　もみじおろし少々　青ねぎ（細）小口切り少々

〈つくり方〉

①カツオの塩辛にポン酢を入れてゆるめ、とろりとした状態にしておく。食べよい大きさに切ったカツオの刺身をさっと和える。

②器に盛り、もみじおろし、青ねぎの小口切りを上にのせる。

●きのこの当座煮、叩き長いもかけ

好みのきのこ類をそばつゆほどの煮汁で手早く煮る。これだけでもごはんの友に重宝するが、同じく旬の山いも（やまといも・長いも）をポリ袋に入れてすりこぎなどでさっと叩いて添える（口絵Ⅳページ）。おろし金不要で手がかゆくならない。山いも類は大根に勝る消化酵素（ジアスターゼ）、食物繊維、カリウム、ビタミンB_1も多い。そのネバネバ、ヌルヌル成分は悪玉コレステロールを蓄積させないというので人気の生食野菜。

〈材料〉エノキ100g（小1袋）　しめじ100g　煮汁（だし2／3カップ　醤油・みりん各大さじ2）　長いも100g　酢少々　わさび少々

〈つくり方〉

①きのこ類は石づきを切り、長さを二つに切りほぐす。

②煮汁を煮立て①を入れ再び煮立ったら1分ほど煮て冷まし器に盛る。

③長いもは皮をむいて、酢少々を入れた水に5分ほど浸す。水気をふいてポリ袋に入れてすりこぎなどでざっ

と叩いて、粗くつぶれたら②にのせるようにして盛り合わせわさびをのせる。

もう一品

●青梗菜と鶏肉の煮もの

葉もののなかで淡い緑色がさわやかな青梗菜は秋が旬。野菜が高値のときでも安価を保ち人気がある。中国野菜として定着したアブラナ科で、クセがなく、ビタミンCやカルシウムを多く含む。血の巡りをよくし、腸の働きをととのえるという。炒めたり、煮たりして使いこなしたい。

〈材料〉青梗菜1株　鶏もも肉小1枚200g　サラダ油小さじ1　煮汁（水150㎖　酒・みりん各大さじ2・5　砂糖大さじ1　醤油大さじ1・5）

〈つくり方〉

①青梗菜は長さを3等分し、茎は縦6等分する。

②鶏肉は一口大のそぎ切りにしサラダ油を熱して皮目から入れて両面色よく焼く。

③煮汁を煮立て②を入れて火を弱めてふたをして7〜8分煮る。

④ふたをとって①を茎の方から入れて一煮したら葉も加え、色鮮やかになったら火を止める。

●いろいろきのこのオイスターソースあん

秋は山の幸、きのこの種類がさらに増えた店先がにぎわう。きのこは食物繊維やミネラルが豊富で、カロリーが少ないのが持ち味。くり返し食べて、夏の疲れをとり、免疫力アップにつなげたい。この料理もたっぷりのきのこを油で炒め、オイスターソースあんでさらにコクのある味にまとめる。ごはんにかけて丼ものによし、激ウマの仕上がり。

〈材料〉きのこ（本しめじ・生しいたけ・舞茸・エノキ各1パック＝計350gほど）　にんにく小1片の薄切り　サラダ油大さじ3）　オイスターソースあん　a（スープ250㎖　オイスターソース大さじ1・5　醤油大さじ1・5　酒・砂糖各小さじ1・5）　b（かたくり粉大さじ1　水大さじ2）

〈つくり方〉

①きのこ類は石づきを切り、生しいたけは薄切り、しめじ、舞茸は粗くほぐし、エノキは長さを二つに切る。

②鍋に油を入れにんにくと①を入れ強火にし香りが出るまでゆっくり炒める。
③きのこ類に焼き色がついて香ばしくなったらaの調味料を流し入れ、煮立ったらbを溶いて回し入れとろみをつける。

もう一品
●ゆで豚ときゅうりのサラダ風

前述の濃いオイスターソースあんのコク味と組み合わせるさっぱりサラダで小気味よいバランス。

〈材料〉豚しゃぶ用薄切り肉150g　きゅうり1本　タレ（醤油大さじ1・5　ごま油小さじ2　砂糖・酒各小さじ1　おろしにんにく・ラー油各少々）

〈つくり方〉

①熱湯を沸かし豚肉をさっとくぐらせ、白っぽくなったらザルに取り出して広げて冷ます。
②きゅうりは長さを半分に切り、皮むき器（ピーラー）でごく薄く縦にむき、氷水にさらしてパリッとさせ水気を切る。
③①と②を合わせて皿に盛り、混ぜ合わせたタレをかける。

●里いもとイカの煮つけ

芋名月と呼ばれる中秋の十五夜には「きぬかつぎ」を供える（天地を落とした小いもを皮つきのまま蒸したものをツルリとむいてごま塩で食べる）。

これから収穫期が始まる親いも（里いも）の前に出る初物の子いもでつくるもの。

里いもは容姿こそむさくるしいが、皮をむくと色白で、ほっくり煮上がる。

カロリーはさつまいもの半分以下、おなかの調子をととのえる食物繊維やビタミンB_1、カリウムも多い。

海の幸のイカも育って、両者は出合いものでおなじみの惣菜。まずイカをさっと煮て取り出し、次にその煮汁を薄めて、里いもを下ゆでせずに直炊きにしてこってり煮上げる。

〈材料〉里いも約300g　イカ1ぱい　水またはだし1カップ　a（醤油・酒・各大さじ2〜2・5　砂糖大さじ1・5）

〈つくり方〉

①里いもは洗って皮をむき水に放しよく洗う（2〜3分下ゆでしてもよい）。
②イカは足、わたを抜いて洗い胴を1cmの輪切りにし、足も食べやすく切る。
③鍋にaを入れて煮立て②を入れて2〜3分煮て取り出す。
④③の煮汁にだしまたは水と①を入れて、アルミ箔などで落としぶたをし、弱めの中火で15分ほど煮る。
⑤鍋を動かしながら途中で上下を返し、イカを戻し汁をからませる。

もう一品
●かぶと春菊の甘酢和え

旧暦の9月9日は重陽《ちょうよう》の節句。菊の節句ともいわれる。黄色や紫色の食用の菊花が出回るので、やはり旬のかぶと酢のものにすると卓抜なさわやか味に。酢を入れてゆでると色鮮やかになる。菊は神経をしずめるというので、乾燥させて枕に入れたりするとか。かぶは大根同様、ビタモンC・カリウム・消化酵素のジアスターゼが含まれる。

〈材料〉黄菊1／2パック　酢適量　かぶ小3個　塩適量　甘酢（酢大さじ3　水大さじ2　砂糖大さじ2　塩小さじ1／5）

〈つくり方〉
①甘酢の材料を小鍋に入れ弱火にかけて調味料が溶けたら冷ます。
②菊花は花びらをむしり、酢少々を入れた熱湯に入れ、再び煮立ちかけたらすぐ火を止め、30秒ほどそのまま蒸らす。ザルにあげ、水の中でよくゆすいで絞っておく。
③かぶは茎をつけ根から切ってよく洗い、皮をむく。横になるべく薄く切り、少々の塩を全体にふる。しんなりしたら軽く絞り、②の菊花と合わせて①の甘酢に浸し混ぜ合わせる。

4　冬のレシピ

熱々の料理がおいしく、温かいもてなしが喜ばれる季節。かぶ、白菜、大根、ねぎにれんこん、カリフラワー、いずれも色白の野菜が旬を迎える。これらの野菜は毎日食べても飽きないやさしい味ばかり。消化を助け、胃腸にやさしいというので、じっくり煮てたっぷり食べたい。

加えて、ほうれん草、小松菜、春菊など緑濃い葉ものが旬で、人気のブロッコリーも冬野菜。

大根やかぶをざんぐり盛りつける冬ならではの煮もの、素材の味を引き出す蒸しもの、なごやかに囲む鍋ものなど、火を使う料理が中心になってくる。また、家の中にいて温かくしている人は、外から帰る人と微妙に塩分の感じ方が異なるので、濃いめの味つけを心がけるとよいという。料理人から教わったことの一つだが、これももてなしの心である。

●木樨肉（ムーシーロー）

中秋のころ、どこからともなく金木犀の甘い香りが強くただよってくると、その名を冠したこの料理を思い出す。

まず黄色の花に見立てて炒り卵をつくる。

これに旬のほうれん草と少しの豚肉を炒め合わせた家庭料理。「ホイコーロー」と並ぶ中華食堂の定番で、中身のバランスの良さは秀逸。もっと広めたい。

〈材料〉卵2個　塩少々　サラダ油大さじ1・5　豚こま切れ肉60g　a（醤油・酒・かたくり粉各小さじ1）きくらげ（乾）4個　長ねぎ1／2本　ほうれん草3株　サラダ油大さじ1・5　b（醤油・酒各大さじ1　塩・こしょう各少々）　ごま油小さじ1

〈つくり方〉

①卵は塩少々を加えて溶きほぐし、サラダ油を熱したフライパンに流し入れ、全体を大きくかき混ぜ、ふんわりしたら皿に取り出す。

②豚肉は一口大に切りaで下味をつける。

③ねぎは斜め薄切りにし、きくらげはぬるま湯でもどし石づきをとり二つに切る。ほうれん草は根元をよく洗い、長さを4等分に切る。

④フライパンにサラダ油を熱し豚肉を炒め、色が変わったらねぎ、きくらげを加えて炒め、ほうれん草を加えしんなりしたらbの調味料を回し入れる。

⑤①の炒り卵をここに戻して全体を混ぜ合わせて鍋肌からごま油を入れる。

もう一品
●里いもとワカメのスープ

有名な韓国のワカメスープを冬の味にアレンジ。ムーシーローで残した豚こまをスープのだしに使う。

〈材料〉里いも2個　ワカメ（もどしたもの）40g　ねぎのせん切り少々　豚こま切れ肉40g　a（醤油小さじ1　おろしにんにく・こしょう各少々）　ごま油小さじ1・5　水4・5カップ　塩・醤油各適量

〈つくり方〉

①豚こま切れ肉をさらに細かくざっと切り、aをまぶす。

②里いもは皮をむき1cmの輪切りにし水洗いしてザルに上げる。

③ワカメは食べよい大きさに切る。

④鍋にごま油を熱し①を入れて炒め、肉の色が変わったら4・5カップの水を入れ煮立て、アクをすくい②を入れる。火を弱めて10分ほど煮る。

⑤③とねぎを入れ、塩、醤油で味をととのえる。

●五目旨煮

おなじみのごちそう八宝菜のこと。海、山里など上質な材料をとり合わせたバランスの良い料理だけに、いつまでも愛されてやまない。肉や魚介などのメインの素材にあらかじめ味をつけて、低温で炒めておいてから、野菜類と合わせてつくるのがおいしさの秘訣。白菜の出番到来。

〈材料〉豚薄切り肉60g　エビ4尾　ホタテ貝柱2個　下味（塩小さじ1／5　こしょう少々　酒大さじ1／2　卵白1／4個分　かたくり粉小さじ1・5　サラダ油小さじ1）　生しいたけ2枚　ゆでたけのこ30g　白菜2枚　長ねぎ1／4本分　にんじん短ざく切り少々　ブロッコリー1／5株　うずらの卵4個（缶詰）　しょうが・にんにくの薄切り各2枚　サラダ油大さじ4〜5　かたくり粉小さじ1・5　ごま油小さじ1　a（スープ150mℓ　酒・醤油各大さじ1　砂糖小さじ1　オイスターソース小さじ1　塩小さじ1／4）

〈つくり方〉

①豚肉は一口大に切り、エビは殻をむいて背わたをとり

よく洗う。ホタテ貝柱は厚みを半分に切る。以上の材料をボウルに入れ下味の調味料を順に加え、手でよく混ぜておく。

②白菜は軸の白い部分はそぎ切りにし、葉はざく切りにする。たけのこは一口大の薄切りにし、生しいたけは軸を除いてそぎ切りにし、長ねぎは斜め薄切りにする。

③ブロッコリーは小房に分け、にんじんとともにかためにゆでておく。

④フライパンに大さじ3〜4杯のサラダ油を入れ100度くらいに温める（材料を入れても何も反応せず音も出ないが、しばらくするとエビの色が薄いピンクになるのが目安）。①の材料をすべて入れざっと混ぜる。材料の表面が白っぽくなってきたら、あみじゃくしですくって取り出す。

⑤鍋に大さじ1・5のサラダ油を熱し、しょうが、にんにく、長ねぎを香りよく炒める。白菜、しいたけ、たけのこを加え全体を炒め合わせる。

⑥④で取り出した具材を戻し入れ、合わせたaを流し入れて煮立て1分ほど煮る。

③とうずらの卵も加え、全体を混ぜ合わせ大さじ1・5の水で溶いたかたくり粉でまとめ、ごま油を回し入れ風味をつける。

※スープ＝市販の洋風固形スープの素少々と水でつくる。

もう一品

●白菜の甘酢漬け（辣白菜《ラーパーツァイ》）

宴席料理の前菜でもおなじみの定番。本来は白菜の白い部分だけでつくるが家庭料理だからやわらかな葉先も余さず食べつくす。

甘みがちの甘酢と熱々の香味油でマリネしただけの白菜だが、何ておいしいこと。多めにつくって常備する価値あり。

〈材料〉白菜3枚（約300g）　塩小さじ1・5　a（砂糖・酢各大さじ3）　b（ねぎの白い部分のせん切り1／4本分　しょうがのせん切り小1片分）　赤とうがらしの小口切り（種を除いて1本分）　c（サラダ油大さじ1　ごま油小さじ1）

〈つくり方〉

①白菜の白い部分は5〜6cm長さの小指大に切り、葉先はざく切りにし、分量の塩をふってよくもむ。少量の

水を加え、皿などで軽く重石をして1時間ほどおく。
②①をざっと水洗いしてかたく絞り、aを入れて混ぜbの薄味を上にのせる。
③cを合わせて赤とうがらしと一緒に鍋に入れて熱し、赤とうがらしが赤黒くなったら②の上から熱々をかけて香りを立たせる。全体を混ぜてしばらくおいて味をなじませる。

●かぶのカニあんかけ

かぶは一年中出回っているが、旬は秋から冬。なめらかな色白の肌にツヤのあるものがやわらかくおいしいとされる。

白い根の部分にはビタミンC、カリウム、でんぷんの消化を助けるアミラーゼが含まれる。

濃い緑色がよしとされる葉の部分はビタミンA、C、カルシウム、鉄、食物繊維が豊富なので、捨てずに使いたい。

春先から5月ごろまでの小かぶはサラダや漬けものに向くが、冬の大かぶらは煮ものにしたい。キメ細かくまろやかなかぶの持ち味を活かすには淡い味つけがおすすめ。

旬のカニを少しだけ奮発してくずあんで決まり。

〈材料〉 かぶ3個　カニ肉（缶詰・冷凍など）50g　a（だし1／2カップ　酒大さじ1）　塩小さじ1／3　うす口醤油少々　b（酒1／4カップ　だし1／2カップ　みりん・砂糖各小さじ1・5　うす口醤油少々）　c（かたくり粉小さじ2、水大さじ1・5）　しょうがのしぼり汁少々

〈つくり方〉

①かぶは茎を3cmほど残して、縦半分に切り皮をむく。
②鍋に①を入れaを加え、落としぶたをして煮る。竹串が通るくらいになったら塩、うす口醤油を加えひと煮立ちさせ、火を止めて味を含ませる。
③別の鍋にbとあればカニ缶汁を入れて煮立て、カニ肉を粗くほぐして加える。
④cをよく混ぜて加えてとろみをつけしょうが汁を落とす。
⑤器に②を盛り③のカニあんをかける。

もう一品

●カジキの揚げ漬け

かぶのカニあんかけは薄味煮の代表格で日本酒向き。こちらはパンチの利いた醤油味で、ごはんはもちろん、紹興酒やビールにもおすすめ。

〈材料〉 カジキ2切れ　a（醤油・酒各小さじ2　長ねぎの青い部分少々）　かたくり粉適量　漬け汁b（醤油大さじ1・5　酒・砂糖・ごま油各小さじ2）　サラダ菜　白髪ねぎ　揚げ油

〈つくり方〉

①カジキは一切れを四つに切りaをふりかけ約30分おいて下味をつける。

②汁気をふいてかたくり粉を薄くまぶし、中温（170℃くらい）に熱した揚げ油でカラリと揚げる。

③合わせておいたbの漬け汁に揚げたてを入れ10分ほどつけたら途中で混ぜて漬け汁を吸わせる。サラダ菜の上に盛り白髪ねぎを上にのせる。

※白髪ねぎ＝長ねぎの白い部分を5㎝に切って芯を除いて細いせん切りにして水にさらしたもの。

●大根と牛薄切り肉の煮もの

ふろふき大根、おでん、おろしにたくあん……秋から冬にかけてが旬の大根の料理は数が多い。現在は収穫しやすい「青首」が主流。生でよし煮てよしどんな味つけも受容する。食べ飽きないことから最も親しまれる普段使いの野菜である。

関西の聖護院や正月用としてお目見えする関東の「三浦」などは少数派だが知っておく価値はある。

さてこの料理は、皮を厚めにむいて下ゆでした大根が、牛薄切り肉の旨味を存分にたくわえたおすすめのごちそう（口絵Ⅳページ）。

〈材料〉 大根1／3本　牛薄切り肉150g　煮汁（砂糖大さじ2・5〜3　醤油大さじ3・5　酒・水各1／3カップ）　柚子の皮のせん切り少々

〈つくり方〉

①大根は3㎝厚さの輪切りまたは半月に切り、皮を厚めにむく。たっぷりの水から下ゆでし、やわらかくなったらザルにあげる。

②鍋に煮汁の材料を合わせて煮立て、食べやすく切った

牛肉をほぐし入れ、アクをすくって2〜3分煮て取り出す。
③この鍋に①を入れ、大根が浸るくらいの水を入れて火にかける。煮立ったらアルミ箔などで落としぶたをし、弱めの中火で15分ほど煮る。
④②の牛肉を戻し入れ全体を混ぜ合わせ、さらに7〜8分煮る。器に盛り、柚子をのせる。
※牛肉を取り出さず一緒に煮てもよい。

もう一品
●もやしときゅうりのごま酢和え

封を切った途端にいたみやすいもやしは余さず使い切るのが得策。きゅうりを加えてスッキリさせた小鉢もの。
〈材料〉もやし200g　きゅうり1本　塩小さじ1／4　ごま酢（白半ずりごま大さじ2・5　酢大さじ2・5　砂糖大さじ1　塩小さじ1／4）
〈つくり方〉
①もやしは洗ってたっぷりの熱湯に入れ、再び煮立ったら一呼吸おいてすぐザルにあげ、全体に塩少々をふって冷ます。
②きゅうりは薄切りにして塩をまぶし、しんなりしたら絞る。
③ごま酢の材料を合わせ、①と②を和える。

●筑前煮

誰もが知る筑前煮は、中身からして煮ものの王道をいく。3種の根菜に干ししいたけ、こんにゃくまで入り、鶏肉の旨味があればだし不要でもよく、青味も加わるまとまりの良さである。

素材はほぼ同分量ずつ配し、切り方もそろえてそれぞれていねいに下ごしらえを施す。

冷めても味が変わらないのでつくり置きがかなう。煮しめは赤飯のおかずといわれるが、筑前煮も同じであるという。

さて筑前煮と煮しめ、いかにも景色が似通っているうえに、冷めても味が変わらないとなると有難さもひとしお。おせちの重詰めにおすすめしたい。

〈材料〉（約4人分＝つくりやすい分量）鶏もも肉小1枚（約200g）　醤油大さじ1　干ししいたけ4枚　こんにゃく1枚　にんじん小1本　ごぼう（細いもの）

1本　れんこん小1節　ブロッコリー1／2株　a（干ししいたけのもどし汁1カップ　水またはだし2・5カップ　砂糖大さじ3　酒大さじ2　醤油大さじ3・5〜4）サラダ油大さじ2

〈つくり方〉

①ごぼうはたわしでこすって洗い、れんこん、にんじんは皮をむいてそれぞれ一口大の乱切りにし、ごぼうとれんこんは手早く水でゆすぐ。こんにゃくは一口大にちぎり水からゆでる。

②干ししいたけは水につけてもどし、軸を切ってそぎ切りにする。

③鍋に湯を沸かしブロッコリーを小房に分けてゆでて取り出す。この同じ湯でごぼう、れんこん、にんじんをかためにゆでて取り出す。最後にこんにゃくを入れてひと煮立ちしたらザルにあげる。

④鶏肉は一口大に切り、醤油大さじ1をまぶす。

⑤鍋に油を熱し④を入れて色づくまで炒めブロッコリーを除いた③の野菜類も加えてじっくり炒め合わせる。

⑥aの調味料のうち醤油大さじ1ほど残してすべて注ぎ入れ、煮立ったらアクをすくい、弱めの中火の火加減にする。

⑦アルミ箔で落としぶたをし、さらに鍋のふたもして15〜18分ほど煮る。味をみて残りの醤油を加え、調整する。

⑧鍋を上下に返して煮汁をからめ、ブロッコリーを入れて一煮する。

もう一品

●紅白なます

筑前煮を正月用と想定し、大根と金時にんじんでなますをつくる。

金時にんじんは晩秋に出始める赤いにんじんで、おもに香川産・京都産を京にんじんと呼ぶ。

濃い紅色はまさに冬の色で冷気に冴える。

少し使うだけで効果てきめん。年明けに安くなるので買いおいてその先も少し楽しめる。

〈材料〉大根1／3本（約400g）　あれば金時にんじん50g　塩小さじ2／3　甘酢（酢大さじ4　砂糖大さじ3　水大さじ1・5）

〈つくり方〉

①大根は４cm長さに切り、皮をむき、せん切りにし、にんじんも同様にして分量の塩を少し残してそれぞれに塩をする。少しおいてざっと洗い、それぞれをしっかり絞る。
②甘酢の材料を弱火にかけ砂糖が溶けたら火からおろして冷まし、①をつけて味をなじませる。

PART5

魚介をメインにしたひとり暮らし食事術

老若問わず、魚離れをいわれる当節ながら、魚介は長い間日本人が食べてきた最も身近な蛋白源です。そのなかでもDHA、EPAの含有量が豊富な魚（おもに青魚のサバ・イワシ・カツオ・ブリ・マグロ）は生活習慣病の改善や認知症の予防に役立つというので、今また見直されています。この章ではこの成分の多い魚を中心に取りあげます。

魚は切り身が当たり前の時代で、鮮度も良く使いやすくなりましたが、本書では一尾のおろし方も写真で説明しています（122ページ）。

焼く、煮る、揚げる、蒸すなどの他に、生食もできる魚料理の特徴は、短時間で仕上がる手軽さです。

ボリュームに欠ける、淡白であるなどの泣き所を補う副菜の工夫にも心がけました。

1 春のレシピ

ひな祭りに欠かせないハマグリの潮汁、潮干狩りでおなじみのアサリ。いずれも貝の旨味を競います。人気のホタテも養殖が主流だが本来は春が旬で、産卵前の1～3月ごろがおいしいとされる。また、春の魚といえば近年目立つのが春告魚とも書くニシン。数の子の親であるが焼き魚用に往年の姿でお目見えしていて目を引く。他に春という字がつくサワラは知名度のある魚になっているが、晩秋から初春のころのものは寒サワラといってひときわ脂が乗っている。

正月のおせちに欠かせない西京焼き用に引っぱりだこで高値になる。肉質がやわらかいのでみそ漬けに向く(冷めてもかたくならない)。さて、弱い魚と書くイワシは節分のころの春先と秋とで2回旬がある純天然魚。

体に良いという不飽和脂肪酸(DHA)が多く含まれることで評価されている(イワシ好きは多いのでおすすめレシピを増やしています)。

さあ、お正月・節分・桃の節句と続いて、春はいよいよ華《はな》やいで桜の季節を迎える。

そして、桜花の咲くころは、魚でいえば何といっても桜ダイ。一年中ある魚ながら、産卵前に沿岸に近づいてくるこの真ダイはとくに美味とされる。花の季節の前後はハレの日が多くなる。桜ダイを予約しての腕まくりも楽しめそう。

●アサリ、わけぎ、ワカメのぬた

どれも春の出合いものである三点を組み合わせ、辛子酢みそでスッキリとまとめた中鉢。

春先の物憂い体調を辛子や酢の味が元気づけてくれる。

〈材料〉 アサリ(殻つき)150〜200g　わけぎ2／3把　ワカメ(生食用)30g　練りみそ(砂糖小さじ1／2　酢大さじ1〜1・5　練り辛子小さじ2／3)

〈つくり方〉

①アサリは砂抜き(別記)したものをこすり洗いし、水または酒大さじ3ほどを加えてふたをして火にかけ、煮立って殻が開いたら身を取り出す。

②湯を沸かし、長さを二つに切ったわけぎを白い部分から入れて全体をくぐらせ、煮立ちかけたらザルにあげ冷ます。これをまな板に並べ置いて、包丁の先でぬめりをしごいて3cmに切り、ざっと水気を絞る。

③ワカメは食べよい大きさに切る。

④練りみその材料をすべて混ぜ合わせて、とろりとした状態のぬた衣をつくる。

⑤①〜③を④のぬた衣で和える。

※アサリの砂抜き　貝がかぶるくらいの塩水(海水くらいの塩分＝水の3%の塩)に漬け、ぬれた新聞紙などをかぶせ、冷暗所に半日ほどおく。むき身の場合は塩をふってざっともみ洗いをし水気をふく。

もう一品

●新じゃがとベーコンの煮もの

菜の花と並んで、正月明けに店頭で目につくのが新じゃが。秋植えの長崎産と決まっている。淡白な小いもにベーコンでコクをつけた煮もの。

〈材料〉新じゃがいも7〜8個（300g）　玉ねぎ小1／2個　ベーコン2枚　a（だしまたは水1と1／4カップ　砂糖大さじ1・5〜2　酒大さじ1　うす口醤油小さじ1　塩小さじ1／4）　グリーンピース（冷凍）1／4カップ　サラダ油大さじ1

〈つくり方〉

①新じゃがはたわしでこすって皮をむき、さっと洗って水気を切る。

②ベーコンは2cm幅に切り、玉ねぎはくし形に切る。

③鍋に油を熱し、②を入れてざっと炒め、①を加えて全体に油が回るように炒める。aを加え、煮立ったら火を弱めふたをして15分ほど煮て、グリーンピースを加えて2〜3分煮る。

●ホタテ貝のカルパッチョ

生食用のホタテをオリーブ油やレモンでイタリア風お刺身に仕立てた前菜（口絵Ⅲページ）。

カルパッチョとはイタリアはベネチア出身の画家の名。料理の「カルパッチョ」はベネチアの有名なレストラン発祥のスペシャリテとして知られるもの。もとは牛赤身肉のごく薄切り生肉にマヨネーズやパルメザンチーズの薄切りをのせた一皿に由来する。

その色彩が画家カルパッチョの赤い色づかいに似ていたことから命名されたのだという。

刺身用生魚（タコ・タイ・ヒラメ他）を使うのは日本発とみてよい。

〈材料〉ホタテ貝柱（刺身用）4〜5個　レモン汁小さじ1・5　塩小さじ1／4　こしょう少々　貝割れ菜1／2パック　ミニトマト適量　あさつき小口切り少々　エキストラバージンオリーブ油大さじ1・5

〈つくり方〉

①貝割れ菜は根元を落とし長さを二つに切る。ミニトマトはくし切りにする。

②ホタテ貝柱は水洗いして厚みを横半分に切って器に並べる。レモン汁、こしょう、塩をふり冷蔵庫で20分ほど冷やす。
③②の全体に①、あさつきを散らし、エキストラバージンオリーブ油を回しかける。
※写真はゆでて輪切りにしたズッキーニとオリーブ、レモン、イクラを添えている。

もう一品
●豚ひれ肉のパン粉焼き、セージバターソース

前菜が手間いらずのぶん、主菜はボリュームアップ。とはいえ調理のプロセスはいたってシンプル。セージバターの香りが利いた一皿。

〈材料〉 豚ひれ肉1・5cm厚さ4枚　小麦粉適量　a（卵1個　塩・こしょう各適量　パルメザンチーズ大さじ1　オリーブ油小さじ1）　オリーブ油大さじ2　パン粉適量　ソース（バター大さじ1・5　セージの生葉2枚）　レモンのくし切り2個

〈つくり方〉
①肉をラップなどではさみ、めん棒や肉叩きなどで2倍ほどの大きさに薄くのばし、軽く塩、こしょうをする。
②①に小麦粉をまぶし、aを混ぜ合わせたところにくぐらせパン粉をつける。
③フライパンにオリーブ油を多めに熱し、②を入れて両面色よく焼いて器に盛る。
④フライパンにバターを入れて熱し、軽く焦げ色がついたところにセージの葉を入れて、香りが立ったら③の肉にかけ、レモンのくし切りを添える。

●イワシのマリネ

いい、おめざはコレ、体の細胞が生き返るような力をもらう食べもの。

イワシのマリネが好きで、すぐ近くの魚屋さんに通いつめていたが、2軒とも廃業という憂き目をみる。めげもせず、散歩の領域を広げて店を見つけ、またマリネをつくり続けている。

〈材料〉 イワシ4尾（刺身用）260g　塩小さじ2　a（酢1／3カップ　水大さじ1・5）　マリネ液（塩・こしょう各適量、砂糖小さじ1／2　レモン汁・白ワイン各大さじ1　エキストラバージンオリーブ油大

さじ2）　玉ねぎの薄切り小さじ1／2個分　紫玉ねぎの薄切り少々　レモンの薄切り1／2個分　イタリアンパセリまたはディル（生葉）

〈つくり方〉
①イワシは三枚におろし、腹骨をそぎとる。ザルに皮を上にして並べ、両面に塩をふり、冷蔵庫に入れ2時間ほどおく。
②aの酢水で①を洗って塩を落とし、しっかり水気をふく。
③バットにマリネ液を合わせ②を入れ、2種の玉ねぎ、レモンも加え全体を混ぜ合わせ、ディルの葉またはみじん切りのイタリアンパセリをふる。マリネ時間は約1時間〜一晩。

もう一品
●鶏肉とポテトの香草焼き

フライパン一つで付け合わせのポテトまでできる手軽さ。にんにく、ローズマリーは欠かさずに。

〈材料〉鶏もも肉1枚250g　a（醤油小さじ1・5　塩小さじ1／3　こしょう少々　ローズマリーの枝1本　にんにくの薄切り小1片分）　オリーブ油大さじ1・5　じゃがいも（メークイン）中2個　ルッコラまたはクレソン適量

〈つくり方〉
①鶏もも肉にaをまぶして30分ほどおく。
②じゃがいもは皮をむき1・5cm厚さの輪切りにし、ざっと水でゆすぎ水気をふく。
③フライパンにオリーブ油を入れて火にかけ①の鶏を香草ごと皮目から入れ、中火で焼き色をつける。肉を返して脇に寄せ、②を入れて焼き油をかけながら、両面色よく焼く。3〜4分ふたをして蒸し焼きにし、ふたをとってさらに焼き油をかけながら、とくに皮目をパリッとさせ、じゃがいもにも火を通す。
④器に盛り、ルッコラ、クレソンなどの葉野菜を添える。

●マグロの緑山かけ

マグロは刺身やすしに欠かせない生食のキングである。稀少な近海ものは11月ごろから翌年の3月ごろまでが旬とされ、毎年暮れには高値が話題になる。遠洋から冷凍で運ばれる天然の本マグロもよいが、まれに初夏のころにジュニアのメジマグロの生があり、近海もののこれがまた美味。
少し早いが同じく若いオクラをゆでて叩いて白いとろろと合わせる。夏に元気に育つオクラはゆでて種を除いて叩くとよい。

〈材料〉マグロ（サクとりしたもの）80g　a（醤油大さじ1　わさび少々）　オクラ4本　塩少々　長いも150g　醤油・わさび各適量

〈つくり方〉
①マグロは小角に切ってaを混ぜたものをからませて冷蔵庫に入れる。
②オクラは塩をまぶして沸とうした湯でゆで、水にとり縦に二つに切って種を除き、包丁でとろろ状になるまで叩く。
③長いもは皮をむいてすりおろし②と混ぜ合わせる。
④器に①を盛り、③を上からかけ、わさびを添え醤油をかける。

もう一品
●肉野菜炒め

〈材料〉（2人分）豚薄切り肉60g　a（塩・こしょう各少々　酒・片くり粉各小さじ1）　キャベツ2枚　もやし150g　ニラ少々（またはピーマン1個）　きくらげ5g　にんじん・しょうがの薄切り各少々　b（塩小さじ1／3　こしょう少々　醤油大さじ1　酒大さじ1）　サラダ油大さじ2

〈つくり方〉
①豚肉は一口大に切ってaをまぶし、キャベツは3cm角に切る。もやしは根を取り、ニラは3cmに切り、にんじんは短ざくに切る。
②フライパンに油を熱してしょうがを香りよく炒め豚肉を入れる。肉の色が変わったら、残りの野菜を火の通りにくいものから加えて炒め合わせ、bを鍋肌から入れて調味する（口絵Ⅱページ）。

●タイの松皮づくり

真打ち登場。桜色が美しいタイの皮はかたいので霜降りにする（湯にくぐらせる）と縮んで松の皮のようになることからこの名がある（口絵Ⅷページ）。

これで皮の色が冴えるだけでなく、やわらかくなり、旨味も増す。タイのおつくりで一番のおいしさだと思う。皮を引かないサク（上身）は魚屋さんに前もって予約するとよい。

〈材料〉タイ（刺身用）の皮つきのサク（上身ともいう。四半身）約１５０～２００ｇ　長いもまたはウド適量　菜の花のつぼみ部分適量　大葉（青じそ）　わさび　醤油

〈つくり方〉

①タイの上身は皮を上にしてまな板の上にのせ、ぬらして、かたく絞ったふきんをかぶせる。上から熱湯をかけると、ふきんごしながら皮がキューと縮む。すかさず氷水にとって２～３分冷やし、水気をよくふき、冷蔵庫で冷やす。

②添える菜の花はつぼみのみを色よくゆで冷水で冷やして水気を切る。長いもまたはウドは皮をむいて酢水につけてから小指大ほどの角切りにする。

③①を１・５cmほどの角切りにする。器に②のつまを置き大葉を添え、タイは皮を上にして盛る。わさび醤油で。

※口絵のようにもみじおろしとあさつきを添えてもよい。

タイの松皮づくり

①まな板を斜めに置き皮目を上に置く

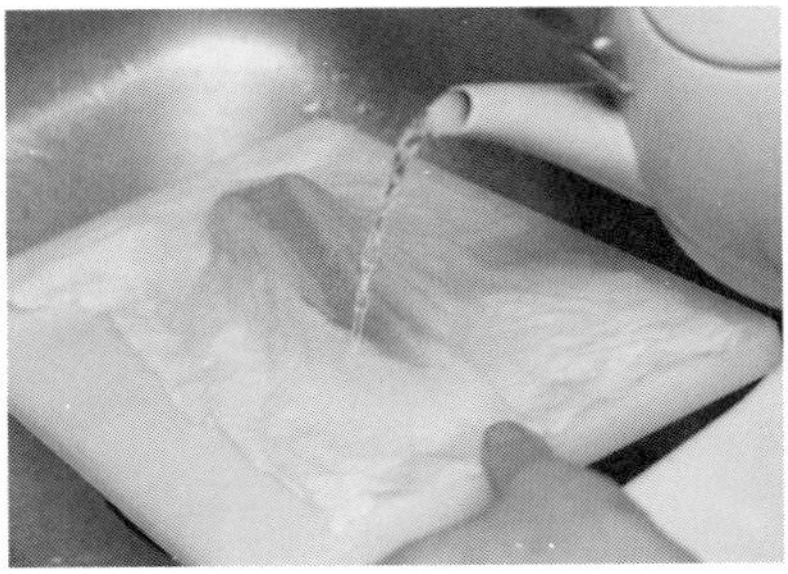

②ガーゼをかぶせ湯をかける

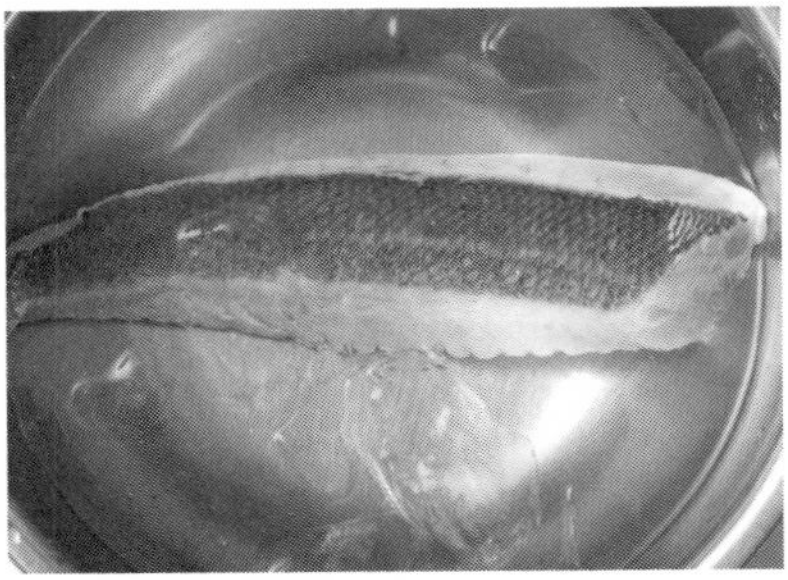

③氷水でしめる

もう一品

●山菜の天ぷら

早春のころからお目見えする山菜だが、天然ものは新緑のころまで流通する息の長さである。他に春菊、よもぎ、セリなども向く。

〈材料〉　たらの芽4個　ふきのとう8個　こごみ8本　菜の花のつぼみ部分4〜5本　衣（卵黄1個分と水を合わせて3／4カップ　小麦粉1カップ弱）　揚げ油・塩各適量

〈つくり方〉

①たらの芽は根元のかたい部分を切り落としてはかまをとり、根元に十文字の切り込みを入れる。ふきのとうは外葉が汚れたり、いたんでいる部分をはがし、根元を少し切る。こごみは根元のかたい部分を2㎝ほど切り落とす。

②衣をつくる。ボウルに卵黄と水を入れてよく混ぜ、小麦粉をふるい入れ、さっくり混ぜる。

③揚げ油を中温（170〜175℃）に熱し、たらの芽、ふきのとう、こごみ、菜の花を一つずつ衣にくぐらせて、カリッとするまで揚げて油を切る。一度に入れると温度が下がるので、1種ずつていねいに揚げる。盛り合わせて塩を添える。

ハレの日の献立例　タイの松皮づくり、山菜の天ぷら、筑前煮、卵焼き、ごま和え（お祝いや花見弁当などに）

② 夏のレシピ

今でこそ夏の市場には魚が豊富に出回っているが、流通が発達する前といえば、夏の魚はめっきり少なく今とはほど遠いものがあったという。加えて、魚介類は腐敗の心配もあったことから料理屋などは、干物、乾物にして使う「もどし料理」で切り抜けたといい、「京都のにしんなす」にその名残を見ることができる。

さらに夏場を元気よく乗り切るために、ウナギ、ドジョウ、アユなどの川魚を賞味することからもその知恵をうかがい知ることができる。夏の京名物「ハモ（鱧）」も遠くからの輸送に耐えられる生命力の強さゆえんで定着したものという。夏は涼を追うあまり、料理が冷たく、淡くなりがちだが、濃いもの、温かいもののメリハリをつけて、体力維持の魚料理に親しみたい。

●アジのたたき風

こいのぼりが薫風にたなびくころは、新緑の盛り。つかの間の心地よい気候に狙いをつけてわが教室の「アジレッスン」が始まる。

魚の「三枚おろし」は人気がある。アジはこのレッスンにぴったりのほどよいサイズで初心者向き。たたき風としたのは、手早く仕上げたいので、細かく叩かないつくり方をするための命名。

〈材料〉中アジ2尾（刺身用）　大葉5枚、しょうが小1片　青ねぎ2本　貝割れ菜1／2パック

〈つくり方〉

①アジのおろし方は写真の通り。三枚におろしたアジは腹骨をすき、血合い部分の骨を骨抜きで抜く（手でも抜ける）。頭の方から皮を引き、小口から6㎜幅ほどの細切りにする。

②薬味をつくる。しょうがは皮をむいてみじん切りかすりおろしにする。青ねぎは小口切り、貝割れ菜は3㎝に切る。大葉3枚はせん切りにする。

③①と②を合わせてさっくりと混ぜ、大葉2枚をしいた器につんもりと盛り、別器に醤油を添える。

もう一品

●夏野菜と厚あげの煮もの

すぐ使える厚あげと夏野菜をさっと煮る。

〈材料〉厚あげ1枚　なす1個　いんげん4本　揚げ油適量　煮汁（だし250㎖　砂糖大さじ1　酒小さじ2　醤油大さじ1・5）

〈つくり方〉

①厚あげは六つに切る。

②なすは一口大の乱切り、いんげんは筋をとり三つに切る。揚げ油を中温（170℃くらい）に熱し、2種の野菜を色よく揚げて取り出す。

③熱湯を沸かし①と②に回しかけて油抜きをする。

④鍋に煮汁を入れ、先に③の厚あげを入れて2～3分煮てから野菜を入れ、ふたをして中火で3～4分煮る。

●タコとソーセージの香草炒め

ゆでダコの足は一年中売られており、おもに外国産。

アジのおろし方〈プロセス〉

❶新聞紙を敷いたまな板にアジを置き胸ビレの下に包丁を入れて頭をおとす。

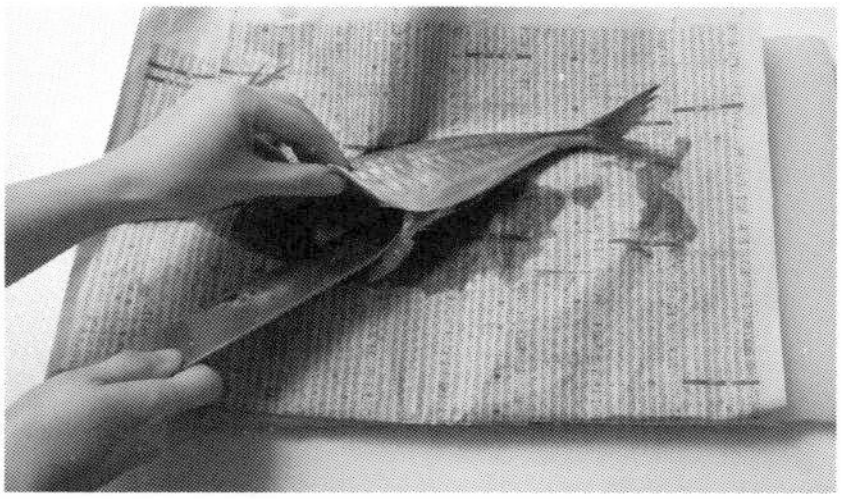

❷頭の側から腹にむかって包丁を入れ内臓をかき出す。

❸中骨に添った血のかたまりを流水でよく洗う。

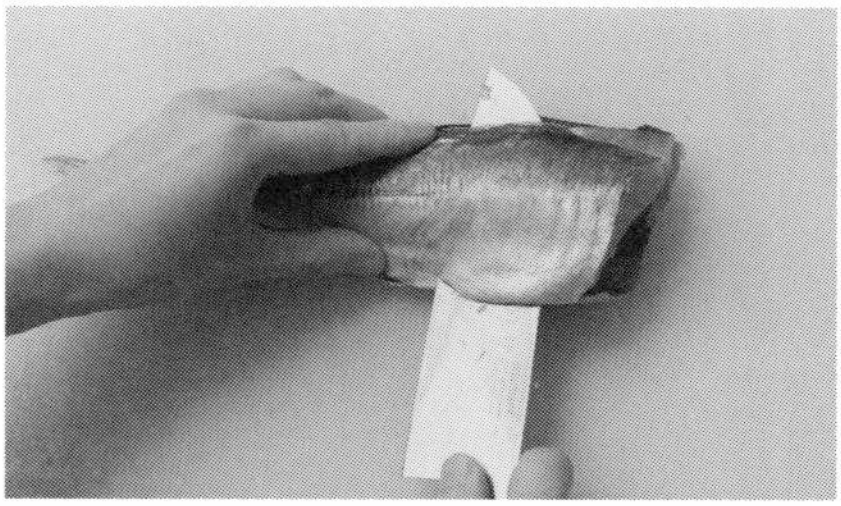

❹上身を切る。腹を手前に置き、中骨のすぐ上に包丁を当てて切り進める。

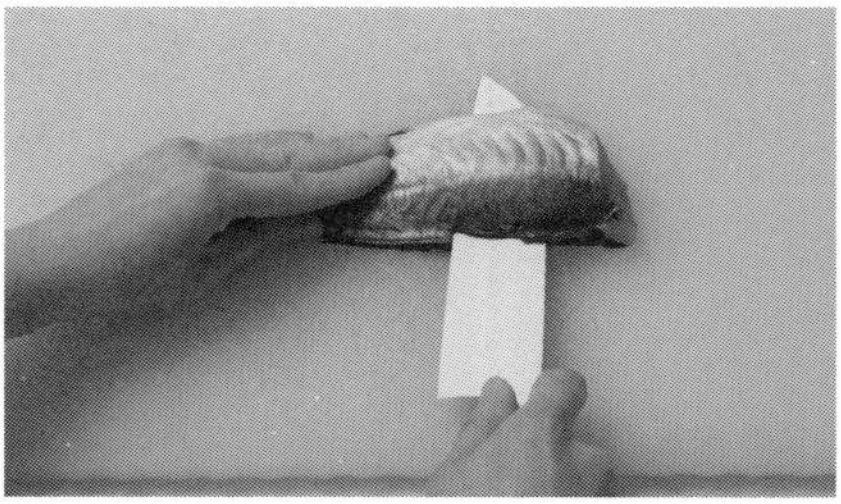

❺中骨がついた身は下におき、反対側と同様に切り進める。

❻身２枚と中骨で３枚になる（三枚おろし）。

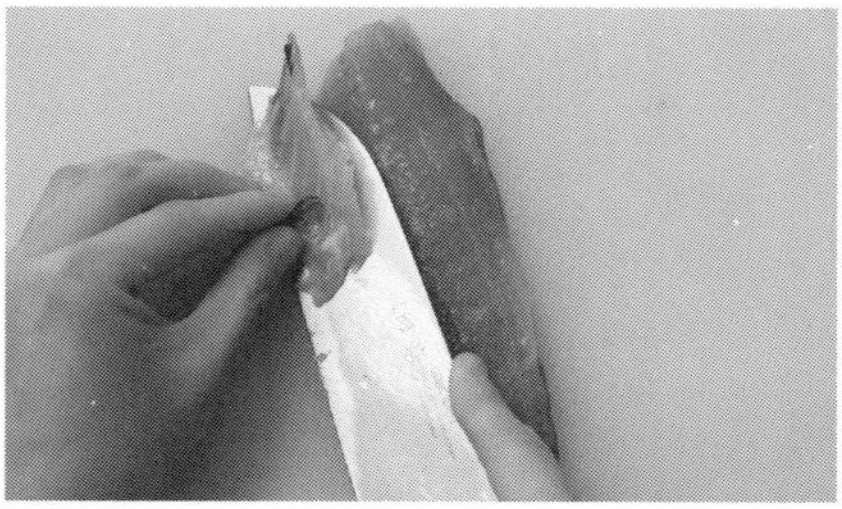

❼腹骨をそぎとる。

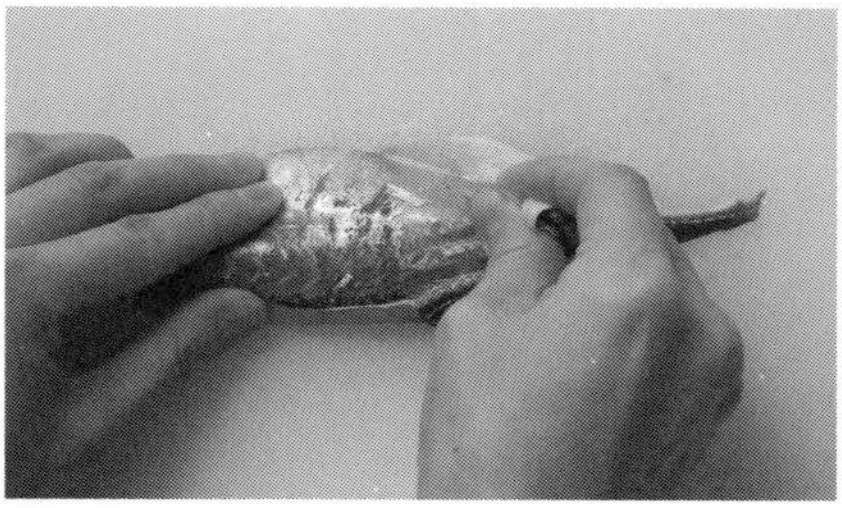

❽たたきなどの場合は皮をむく。左手で頭側をおさえて皮をつまみ尾にむけてはがしていく。

夏になるとタコめしを炊きたくなるが、瀬戸内海の郷土料理でもある。この地域のマダコは旨味が評価され値もよい。

他に北海道の水ダコがあり、正月の酢ダコに加工される。この節はあぶりダコのスライスもある。ここでは夏らしく、オリーブ油、にんにく、香草《ハーブ》、トマト、ソーセージを加え、手際よく炒めてビールの友としたい。

もう一品のそばサラダと組み合わせて、小ジャレたビールパーティはいかが。

〈**材料**〉ゆでダコの足1本　ウインナーソーセージ4～5本（あればチョリソーソーセージ）　ピーマン2個　ミニトマト4個　にんにく1片　赤とうがらし1本　タイムの枝3本　ローリエ1枚　イタリアンパセリ2枝　エキストラバージンオリーブ油大さじ2・5　塩・こしょう各少々　黒オリーブ

〈**つくり方**〉

①タコは刺身と同じくらいの厚さに切る。ピーマンはソーセージほどの大きさに切り、ミニトマトは縦二つに切る。イタリアンパセリは粗みじん切りにする。

②フライパンにオリーブ油と種を除いた赤とうがらしとにんにくを入れ中火にかけ、タコとパセリを入れて全体にからめる。強火にしてトマト、ピーマン、ソーセージ、タイム、ローリエも加えて勢いよく全体を混ぜ合わせ、トマトがくずれかけたら出来上り。黒オリーブを散らす。

もう一品

●そばサラダ

サラダ感覚で食べるざるそばのアレンジ（口絵Ⅴページ）。冬には年越しそばとしてもおすすめ。そばつゆ（53ページ）をマスターすればお手のもの。

〈**材料**〉そば（乾）１００g　a（手づくりめんつゆ60mℓ　エキストラバージンオリーブ油大さじ2　酢大さじ1）　パプリカ（赤・黄）各1／2個　きゅうり1本　貝割れ菜1パック

〈**つくり方**〉

①パプリカ2種は種を除いてせん切りにする。きゅうりもせん切りにし、それぞれごく少量の塩をふって、水気が出たら軽く絞る。貝割れ菜は根元を切り落とす。

　aを合わせておく。

②そばはたっぷりの湯でゆで、ザルにあげ、冷水でもみ洗いをしてぬめりをとり、しっかり水気を切る。
③そばと野菜を混ぜ合わせて器に盛り合わせ、aのつゆドレッシングをかける（冬はきゅうりを大根に替える）。

●スズキの青じそ揚げ

スズキは数少ない夏が旬の魚。近海ものがおもでセイゴ、フッコ、スズキと名前が変わる出世魚。

新鮮なものは洗いや刺身に向き、もみじおろし、ポン酢でフグのような食べ方もよい。

もちろんさっぱりとした塩焼きもよいが、大葉（青じそ）をまとわせて揚げものにする。

〈材料〉スズキ100g（刺身用一サク）　塩・酒各少々　大葉8〜10枚　卵白1／2個分　小麦粉・揚げ油各適量　天つゆ（53ページストレートめんつゆ参照）適量

〈つくり方〉

①スズキは皮目を下にして一口大の厚めのそぎ切りにし、塩・酒で下味をつける。
②大葉は縦半分に切ってから細切りにする。
③①の汁気をふいて小麦粉をまぶし、よく溶いた卵白を片身の方につけて②をまぶす。
④揚げ油を中温に熱して③を入れカラリと揚げる。塩・レモンもよいが天つゆを添える。

もう一品

●ささみとコーンのおろし和え

鶏のささみにかたくり粉をまぶして、しょうが入りの湯でゆでる。つるりとしたノドごしが涼を呼ぶ酢のもの。

〈材料〉ささみ2本　a（塩・酒各少々）　おろししょうが少々　かたくり粉適量　とうもろこし（生）1／2本　きゅうり1本　塩少々　みょうが1本　b（酢大さじ2　みりん・砂糖・うす口醤油各小さじ2）　大根おろし（大根80g）

〈つくり方〉

①ささみは筋をとりそぎ切りにしaで下味をつけかたくり粉をまぶす。とうもろこしはゆでて実を削る。きゅうりは斜め薄切りをさらに細切りにし、塩少々でもみ、しんなりしたら軽く絞る。みょうがは細く切ってさっと洗ってザルにあげる。
②3カップほどの湯を沸かし、おろししょうがを入れ湯

に香りをつけ、ささみをこの中でゆでて取り出す。
③②を冷まし、他の材料と混ぜ合わせ、汁気を絞った大根おろしとbを合わせて和える。

●アユのフライ

アユ料理といえば専門店もあるほどで、のぼり串を打った姿焼きの他にも食べ方は数多い。

私は好きな食材なだけに、三枚おろしにしたものを幽《ゆう》庵《あん》地（醤油、酒、みりんを同量合わせる）に漬けてから軽くスモークしたりするが、割烹料理店でアユの丸ごとフライを出されたときの、意表をつかれた思いは忘れがたい。香りを大切にするためウロコを引かず、肛門の砂を絞るだけの手間で、一尾丸ごとのフライ。かぶりつくのでこれもまた野趣。

〈材料〉アユ2尾　塩・こしょう適量　フライ衣（小麦粉・卵・パン粉各適量）　揚げ油　ししとう　好みのソース

〈つくり方〉

アユは水洗いしてよく水気をふく。塩、こしょうをし、全体に小麦粉、とき卵、パン粉の順にフライ衣をつけ、中温（170℃くらい）の揚げ油で2〜3分かけてじっくり揚げる。ししとうは包丁の刃先で1本切り目を入れて素揚げをし、ウスターソースやタルタルソースなどお好みで添える。

もう一品
●新れんこんときゅうりの梅肉和え

透明感があり、水々しい新れんこんは梅干しとの相性卓抜。梅干しは塩だけで漬けている昔ながらのもの。例えば塩分20％などがおすすめ。

〈材料〉新れんこん小1節　きゅうり1本　酢・塩各適量　梅肉ソース（梅干し2個＝約35ｇ　だしまたは水大さじ2　酒・みりん各小さじ1　醤油少々）

〈つくり方〉

①れんこんは皮をむき、ごく薄切りにしてざっと水でゆすぐ（大きければ半月切りに）。酢少々を入れた熱湯で1分ほどゆでてザルに広げて冷ます。きゅうりは薄い輪切りにし少々の塩をして水気が出てきたらキリリと絞っておく。
②梅干しは種を除いて包丁で叩いて粗めのペースト状に

し他の調味料と合わせ和え衣をつくりこれで①を和える。

●ウナギとモロヘイヤの炒めもの

旧聞になるが、台湾の友人を家に招いた折の献立で、好評だったのがウナギのおこわ。

他の料理名は思い出せないが、これだけは味がしっかりしており濃厚だったと記憶している。そういえば、銀座の目抜き通りのウナギの名店、行列のメンバーはおもに中国人のご様子。すっかり高嶺の花となったウナギとこれも強壮の誉れ高いモロヘイヤをささっと炒める夏向きの一皿はいかが。

〈材料〉モロヘイヤ1把　ウナギ1串　塩少々　サラダ油適量　しょうがの薄切り2枚　赤ピーマン小1個　長ねぎ1／3本　a（醤油・紹興酒各小さじ2　砂糖・オイスターソース各小さじ1）

〈つくり方〉

①モロヘイヤはかたい部分を切り落とし、3㎝ほどのざく切りにする。赤ピーマンは細切りにし、ねぎは斜め薄切り、ウナギは一口大に切る。

②鍋にサラダ油大さじ1・5くらいと塩一つまみを入れて熱しモロヘイヤを入れざっと炒め取り出す。

③この鍋にサラダ油を小さじ2ほど補い、しょうが、ねぎ、赤ピーマン、ウナギを入れて炒め、aを回し入れて味つけをし②を戻して炒め合わせる（オイスターソースがなければ、添付されていたタレも可）。

もう一品

●蒸しなすとタコのピリ辛和え

なすを電子レンジで蒸すこと2分弱。火を使わない夏向きの一品。なすはほっそりしたものを選ぶと色鮮やかに仕上がる。

〈材料〉なす1個（約80g）　刺身用ゆでダコの足1／2本　貝割れ菜1パック　あればサニーレタス少々　タレ（醤油大さじ1・5　コチュジャン小さじ1・5　酢大さじ1・5　砂糖小さじ1　おろしにんにく少々　白すりごま小さじ2）

〈つくり方〉

①タコは薄切りにする。なすは縦に4枚にスライスし、さっと水をくぐらせ耐熱皿に並べ、ふんわりとラッ

プをかけて、500Wの電子レンジで2分弱加熱する。ラップをはずし、少し冷まして水気をふいて、縦に四つほどに手で裂き冷蔵庫で冷やす。貝割れ菜は根を切る。サニーレタスは一口大にちぎる。

②タレの材料を合わせ①を和える。

3 秋のレシピ

秋の魚といえば、いわずもがな「今年のサンマ」のニュースで始まる。豊漁であれば日本の食卓が大喜びするからである。

加えて戻りガツオ、イカ、イワシ、サバ、サケなど、どれも脂が乗って、家庭料理の王道をいく魚の出番。日頃よく食べ馴れている魚に、ある時は身近な味つけを施しときには今どきのソースで、肩の力を抜いて接したい。魚料理は千変万化、シンプルもよいが限りなく楽しめる。

山、里からも力強く実った食材が、収穫を待ちかねて出そろい始める。ごぼう、れんこん、いも類のあとに、大根、白菜、ねぎなど冬型野菜の走りも登場する。これらを巧みに出合わせて満足のいくごはんをつくりたい。食欲の秋到来！

●戻りガツオのしょうがソース

刺身用の魚が少ない夏場に比較的安価で出回ったカツオが、いよいよ脂が乗り切って戻りガツオとなり満足度も十分となる。

両面をさっと焼いて、ミキサーにかけたしょうがソースをたっぷりかけたイタリアンテイスト。

〈材料〉 カツオ（刺身用一サク＝四半身）　a（砂糖・塩・こしょう各少々）　オリーブ油少々　生野菜（ルッコラ1把　貝割れ菜1パック　みょうが3本）　しょうがソース（にんにく少々　しょうが50g　白ワインビネガー1／4カップ　レモン汁小さじ1・5　玉ねぎ小1／4個　砂糖・塩・こしょう各少々）　エキストラバージンオリーブ油50mℓ

〈つくり方〉

①カツオのサクの両面にaをふり少しおく。

②フライパンにオリーブ油を少々入れて熱し①を入れて両面強火でさっと焼き目をつけ、すぐ冷蔵庫で冷やす。

③しょうがソースの材料をすべてミキサーに入れて回しなめらかにする。これをボウルにあけ、オリーブ油を加えて混ぜる。
④生野菜のルッコラは一口に手でちぎり、貝割れ菜は根を切る。みょうがはせん切りにしざっと水でゆすぐ。
⑤①を1・5cmほどに切り、④の野菜と盛り合わせ、食べる直前にソースをかける。

もう一品

●イタリア風オムレツ

チーズや野菜を入れたボリューム満点のこのオムレツはフリッタータという。小ぶりのフライパンがあれば手軽につくれる。

〈材料〉 卵2個　塩・こしょう各少々　パルメザンチーズ（すりおろしたもの）大さじ1　ズッキーニ1／2本　玉ねぎ小1／6個　ミニトマト3個　オリーブ油小さじ4

〈つくり方〉
①玉ねぎは薄切り、ズッキーニも3～4mmの薄切り、ミニトマトは縦四つに切る。
②フライパンにオリーブ油の半量を入れ、①を入れてざっと炒め、軽く塩、こしょうをして取り出し粗熱をとる。
③卵を溶いて、塩・こしょう各少々とチーズを加えて軽くほぐし、②を加えて混ぜる。
④フライパンに残りのオリーブ油を入れて熱し、③を一気に流し入れ、半熟になるまでざっと混ぜる。底に焼き色がついたら、フライ返しで返し裏側も焼く。フライ返しで押さえて焼き色をつけ取り出して切り分ける。
※卵の量を増やして大きくつくる場合は右記のように返すことが難しくなる。片面を焼いて皿や鍋ぶたに平行移動させて、皿の上にのったものを返して鍋に戻す方法がベスト。

●サンマの曲げ焼き

サンマといえば塩焼きだが、少し前から異変が生じている。家庭では煙が敬遠され、焼いたものを購入する人が増えたというのだ。

この魚の刺身の流行は、煙が遠因なのかと勘ぐるところである。ともかく、サンマが食べたい。

「曲げ焼き」は、他にカマスなど細長い魚を三枚におろして両端から曲げて串打ちして焼く技法。〝両褄折り《りょうづま》〟ともいう。三枚におろすので、小骨が口に当たることもなく、その姿から一瞬何の魚かといぶかる向きも多い。味もさることながら、スタイリッシュな焼きもののゆえ、弁当やもてなしに好適。

〈材料〉 サンマ一尾（三枚におろしたもの）　幽庵地（醤油・みりん各大さじ1と2／3　酒大さじ1／2）　しょうがまたはみょうがの甘酢漬け

〈つくり方〉

サンマは三枚におろして腹骨をすきとり、合わせておいた「幽庵地」に1時間ほど漬ける。皮を下にして置き、片端から中心に向けて一巻きし、反対側も同様にする。竹串2本でその状態を固定する。オーブントースターまたはグリルで色よく焼く。途中漬け汁をハケで塗り、熱いうちに串を抜き、しょうがの甘酢漬けと盛る。

もう一品

●しめじとほうれん草のおひたし

焼き松茸を使うと定番になるが、こちらは炒めしめじで決める。走りのほうれん草、好みでゆでた黄菊を加え、欲張ってこれも走りの青柚子を絞って香りを楽しむ。

〈材料〉 しめじ60ｇ　サラダ油少々　ほうれん草1／2　あれば食用黄菊　酢少々　ａ（だし1／2カップ　みりん大さじ1・5　うす口醤油大さじ1・5）　青柚子のしぼり汁少々

〈つくり方〉

①ほうれん草は根元の汚れに気をつけながら熱湯でさっとゆでて、水にとって絞り3㎝長さに切る。このゆで汁に酢少々を入れて、むしった菊を入れ、もう一度沸いたらすぐ水にとり、ザルにあげて水気を絞る。

②しめじはほぐして二つに切り、サラダ油で香りよく炒める。

③ａを煮立て粗熱をとり冷めたころに、①を②に入れて混ぜ合わせて和え、あれば青柚子（またはすだち）を絞る。

※ａは市販のポン酢をだしまたは水でほどよく薄めてもよい。

●イワシの旨煮

イワシは大衆魚の雄である。サバやアジに養殖の噂が出ているというのに、日本近海の天然ものしか存在しない。真イワシは側面に青黒い斑点が一列に並んでいて、俗に七つ星などといわれる。最盛期の秋は目のまわりにウロコがいっぱい張りついて、脂が乗っているものが出回る。春につくった生食のマリネ（116ページ）もよいが、時間をかけて料理屋仕込みの旨煮をつくる。はじめに酢を入れて下ゆでし、そのあとは火加減に気をつけながら、コトコトひたすら煮るだけ。サンマでもお試しを。

〈材料〉イワシ6～8本　酢大さじ2　酒適量　しょうがのせん切り大1片分（皮つき）　砂糖・醤油各1／3カップ強

〈つくり方〉

①イワシはウロコを引き、頭を落とし腹わたをとり水洗いしてザルにあげる。

②鍋にあれば竹の皮1～2枚（中央部に縦に切れ目を数本入れる）を敷き、イワシを並べかぶるくらいの水と酢を入れて火にかける。煮立ったら15分ほど煮てこの汁を捨てる。

③②に酒と水を1対2ほどの割合にして浸るまで注ぎ入れ、砂糖、醤油（1／4ほど残す）、しょうがを入れて中火にかける。煮立ったらアルミホイルで落としぶたをし、上からもふたをして弱火で1時間ほど煮る。残した醤油を加えさらに30分余り弱火で汁がやや残る程度まで煮る。

もう一品

●いも煮汁（いもの子汁）

里いもの収穫期と合わせて、9月、10月ころ、おもに山形地方に伝わるといういも煮汁は山形牛入りと聞いて食指が動く。ご当地出身の料理人口伝のつくり方で。

〈材料〉里いも小4個～5個（約150g）　牛切り落とし肉80～100g　こんにゃく小1／2枚（70g）　長ねぎの小口切り1／3本分　舞茸50g　二番だし3・5カップ　a（みりん小さじ1　酒大さじ1　塩小さじ1／2　うす口醤油大さじ1）

〈つくり方〉

①里いもはよく洗い包丁を使わずにたわしなどでこすって皮を除く。丸のままもしくは半分に切る。塩をまぶしてぬめりをしっかり取り除いて洗う。こんにゃくは小さめに手でちぎり、下ゆでしておく。

②鍋にだし、分量のうち20gほどの牛肉を入れて火にか

ける。

③同時に醤油小さじ1・5（分量外）を加え、煮立ったら火を弱めてアクをすくう。①を加えいもがやわらかくなるまで煮る。

④aで味をつけ、牛肉の残りと舞茸を入れひと煮立ちしたらアクをとり、味をもう一度確認してねぎを入れて火を止める。

●秋サケの南蛮漬け

小アジなどでつくる南蛮漬けだが、秋はサケが出番。漬け汁にねぎの白い部分を焼いて加えるのは今や古典。玉ねぎの薄切りを入れるのが今の傾向である。その玉ねぎを香りが出るまでさっと炒めて加えてみた。生の玉ねぎは水気が出てくるので一工夫を試みたもの。南蛮酢は酢を薄めるだしを水に替え、量も少なめにしたのでしっかり味の仕上がりとなる。

〈材料〉生サケの切り身160g　塩少々　小麦粉・揚げ油各適量　南蛮酢（水・酢各大さじ3　砂糖・醤油各大さじ1・5）　玉ねぎの薄切り50g　サラダ油少々　赤とうがらし1／2本（小口切り）

〈つくり方〉

①サケは一口大のそぎ切りにし、ごく少量の塩をふって10分ほどおく。

②南蛮酢は合わせて赤とうがらしを入れる。

③玉ねぎは少々のサラダ油でさっと炒め、香りが出たら②と合わせる。

④①の水気をふいて小麦粉を薄くまぶす。

⑤揚げ油を170℃に熱し、④を入れて1分半ほどじっくり揚げ、カラリとしたら③の南蛮酢の中に浸し、汁を回しかけ味がなじむまで30分ほどおく（すぐにでも食べられるが、つくり置きの一品として冷蔵庫で1〜2日保存できる）。

もう一品

●かぶと貝割れ菜の和えもの

〈材料〉かぶ2個　塩少々　貝割れ菜1／2把　a（ごま・ごま油各小さじ1）

〈つくり方〉

①かぶは皮をむき、薄く切り塩でもむ。貝割れ菜は根をおとし、二つに切る。以上をaで和える。

4 冬のレシピ

冬の魚といえば、寒さに備えてよくエサを食べているだけあって脂肪がぐんと乗り、より美味となって食卓を潤す。

鍋の人気者鱈腹のタラ、寒ブリ、アンコウなど図体の大きさは圧巻である。

大きい魚だけに庶民の食卓にもゆきとどく。そればかりか、貴重な冬の食資源として、干タラ、塩ブリなど、塩サケともども保存食としても貢献してきたキャリアがある。今なお、年取魚（正月魚）や雑煮に受け継がれていると聞く。

さて、冬にとくに美味となる魚の脂を活かすには、なるべく余分な手間や調味料を省いて調理することだと思う。

煮魚、あら炊き、蒸しもの、鍋ものなど冬の台所だからこそ取り組むに値する魚たちが待ち受けている。他にもメインの項目に登場しないカレイ、ヒラメ、カジキ、フグ、ナマコなど冬の魚の魅力はつきない。別の項で触れたいと思う。

カキの前菜二題

カキというとフライが一番と答える人は多い。揚げものはどうもという方には蒸す料理をおすすめしたい。熱々とつくり置きで二題。

●柚子釜蒸し

〈材料〉 カキ（小粒）100g　柚子2〜3個　塩・酒各少々　大根おろし適量　つけ汁（柚子のしぼり汁・酢各少々　醤油大さじ1）

〈つくり方〉

①カキは大根おろしをまぶして、汚れを大根に付着させ、ていねいに水洗いをして、塩、酒少々をふりかける。

②柚子は上部を1／5ほど切り、中身をスプーンなどでくり抜いて出す（汁はつけ汁に使う）。

③②の柚子に①のカキを入れて強火の中火で10分ほど蒸す。別器に添えたつけ汁で食べる。

●オイル蒸し

〈材料〉 カキ（大粒）150g　エキストラバージンオリーブ油適量　レモンの薄切り　ディル、パセリなど各適量　オリーブの実適量（びん詰め）

〈つくり方〉

①カキは前述のように大根おろしで洗い、ザルにあげてよく水気をふく。

②耐熱皿やバットなどに①を入れ半分浸るくらいのオリーブ油をかけ、蒸気の上がった蒸し器に入れ、強火で20分蒸す。カキを取り出して冷まし、再びオイルに戻し入れて漬けて保存も可。

ワンポイント

食べ方

おつまみにする場合はレモンの薄切り、パセリのみじん切り、ディル、オリーブの実とともにレタスの上に盛りつける。ポン酢、もみじおろし、あさつきの小口切りと盛り小鉢ものにしても。

もう一品

●牛肉とフキの煮もの

暮からお正月にかけて出はじめる早春の味としてフキのホロ苦さは楽しめる。

〈材料〉 フキ1／2把　牛こま切れ肉または切り落とし150g　a（醤油大さじ2　みりん・砂糖各大さじ1　酒大さじ1・5）　水または二番だし適量

〈つくり方〉

①フキは長さを二つに切り、塩でもんで2分ほどゆでて水にとり皮をむいて3cmに切る。

②鍋にaを煮立て一口大に切った牛肉を入れてほぐし、色が変わったら中火にしアクをすくい、①とひたひたの水またはだしを入れる。煮立ったら中火にし、時に上下を返して15分煮る。

●ブリ大根

ブリは高級魚とあって養殖ものもあり、売り場に天然ものと交互に登場していたりする。

天然だと脂のノリは養殖ほどでない。近年はブリしゃぶ用の薄切りがパックで売られる。天然もののあらが手頃で、新鮮であれば思わす食指が動く。

「ブリの照り焼き」がステーキなら、こちらはさしずめシチューであろうか。煮上がったら冷めるまでおき、その間に味をしみ込ませる。

〈材料〉（つくりやすい分量）大根1／2本　ブリのあら400g強　皮つきしょうがのせん切り適量　a（醤油1／4カップ　酒・砂糖各大さじ3）追加の醤油適量　柚子の皮のせん切り適量

〈つくり方〉

①大根は2cmの輪切りにし、さらに二つに切り（半月に）皮を厚くむいてかために下ゆでする。

②ブリのあらは大根の大きさに合わせてカットし、熱湯を全体にかけ、水に落としてから洗ってウロコなどを除いてザルにあげる。

③鍋にaの調味料としょうがのせん切り、②を入れて煮立てあらを少し煮る。あらを脇に寄せて大根を入れ、煮立ったら弱めの中火にし、アルミホイルでふたをし、コトコト20分ほど煮る。途中でふたをとり、汁を全体に回しかけ、味と色をみて追加の醤油を補うなどしてさらに15分ほど煮て火を止める。冷めるまでおいて食べるときに温め、器に盛り柚子をのせる。

もう一品

●春菊ともやしの和えもの

組み合わせるもう一品は、栄養バランスを考えた和えものや酢のものがよい。

〈材料〉もやし100g　春菊1／2把　a（塩少々とごま油少々）　b（だしまたは水・醤油各大さじ1　みりん小さじ1・5）　白炒りごま少々

〈つくり方〉

①湯を沸かしもやしを入れて再び沸とうしたらすぐ取り出しザルにあげ水気を切ってaで下味をつける（この湯を捨てない）。

②春菊はかたい茎を切り落とし、①の熱湯でさっとゆでて水にとり、絞って三つに切る。

③①と②を混ぜ合わせbで和えごまをふる。

●かぶのカニあんかけ

冬ならではの力強い味つけの煮ものもよいが、淡白で馥郁《ふくいく》とした味わいのかぶやカニもこの季節ならではの味覚。だしを利かせたやさしいあんが体を温める。

〈材料〉かぶ3個　カニ肉50～60g　a（だし1と1／3カップ　酒大さじ1）　塩小さじ1／3　うす口醤油少々　b（酒1／4カップ　だし1／2カップ　みりん・砂糖小さじ1・5　うす口醤油少々）　c（かたくり粉小さじ2　水大さじ1・5）　しょうがのしぼり汁少々

〈つくり方〉

①かぶは茎を3cmほど残して縦半分に切り、皮をむいて二つに切る。

②鍋に①とaを入れ、竹串が通るようになるまで煮る。塩・うす口醤油で味をつけ、2～3分煮て火を止め、味を含ませる。

③別の鍋にbの酒を入れて煮立て残りの調味料も加えてカニ肉を粗くほぐして加える。

④cを合わせて、③に静かに回し入れてとろみをつけ、しょうが汁を落とす。

⑤器に②を盛り③をかける。

もう一品

●ブロッコリーとささみのごま和え

人気のブロッコリーはこの季節が旬。新鮮そのものにつき、ゆですぎは禁物。

〈材料〉ブロッコリー1／2株　鶏のささみ小2本　塩・かたくり粉各適量　a（白または黒すりごま大さじ2・5　水・砂糖小さじ2　醤油大さじ1・5）

〈つくり方〉

①ブロッコリーは一口大の小房に分ける。

②ささみは筋を除き、そぎ切りにして、塩少々で下味をつけかたくり粉をまぶす。

③湯を沸かし、①をほどよくゆでザルにあげる。この湯に②のささみを1枚ずつ入れてゆでて冷ます。①と②を合わせたaで和える。

●タラとじゃがいものキャセロール

タラはブリと並んで、寒さ到来を実感させる冬場の大物。薄塩のものは通年見かけるが、寒さとともに純生がやってくる。

切り身であっても、ふっくらとしてつややかでタラ臭も生じていない、こういうものがタラチリに向く。タラは洋風料理にも、コロッケやシチューなどすぐれものがある。ここではポテトと塩だけで、手頃なオーブン焼きで勝負（チーズはお好みで）。

〈材料〉 生ダラの切り身2切れ　塩・こしょう各適量　じゃがいも（メークイン）2個　にんにくのみじん切り小1片分　ベーコン1枚の粗みじん切り　パセリみじん切り少々　バター・オリーブ油各適量

〈つくり方〉

①タラは一口大に切り、少々の塩・こしょうで下味をつける。

②じゃがいもは皮をむき5～6㎜の半月切りにし水でざっとゆすぎザルにあげる。

③フライパンにオリーブ油を入れて中火にかけ、②を入れて気長に炒め、八分通り火を通す。

④にんにく、ベーコンを加えて香りよく炒め①を入れざっと全体を混ぜ合わせ、塩・こしょうで味をととのえる。

⑤バターを塗ったキャセロールに入れ、少々のバターをちぎって表面に散らし（チーズも可）、２００℃のオーブンに入れ20分ほど焼いてパセリをふる。

もう一品

●ツナ入りミックスサラダ

ツナも豆も缶詰を利用して身近な野菜でボリュームのあるサラダにする。

〈材料〉 ツナ小缶1個　白いんげんなどゆでた豆（缶詰）50g　a（ベビーリーフ1袋　春菊のやわらかい葉先適量　貝割れ菜1把）ドレッシングb（酢大さじ1　醤油大さじ1　塩・こしょう各少々　エキストラバージンオリーブ油大さじ2）

〈つくり方〉

①aの貝割れ菜は根を切り、他の野菜とともに水に1時間ほど放し、パリッとさせザルにあげ水気をしっかり切る。

②bを合わせドレッシングをつくる。

③器に①の野菜を入れ、いんげん豆、ツナ缶をあけて加え、すべてさっくり混ぜ合わせ②で和える。

●キンメダイの煮つけ

魚の煮つけは脂が乗っている魚が美味。新鮮な白身魚のカレイなどは薄味に煮るが、一般には濃いめの味にしてごはんに合うようにしている。

その煮つけの代表といえば、色鮮やかな外見ほど良い脂のノリのキンメダイが名乗りを上げる。冬にとくに脂が乗って旬だという（口絵Ⅱページ）。

同じ煮汁で銀ダラ、サバ、カジキもおすすめ。煮汁は多めがつくりやすく、厚あげやごぼうなども一緒に煮るとよい。

〈材料〉キンメダイ2切れ　青梗菜小4株　しょうがの薄切り3枚　煮汁（だしまたは水1カップ　みりん・酒各1／4カップ　砂糖大さじ1・5　醤油大さじ1・5）追加の醤油小さじ2〜3

〈つくり方〉

①湯を沸かしてキンメダイをさっとくぐらせ（霜降り）、水に落としウロコをていねいに除いて洗う。

②青梗菜はさっと洗う。

③鍋に煮汁としょうがが、①を入れ火にかけ、沸とうするまで強火にし、アルミホイルでふたをして中火に落とし、煮汁が全体に回るようにする。

④7〜8分して煮汁が煮つまったところで②と追加の醤油を加える。ふたをとり鍋をゆらし火力を強めて、手早く汁を煮つめて仕上げる。

もう一品

●トマトとワカメのごま酢

ごま酢をつくるだけで火を使わない小鉢。さっぱりしたごま酢はごま和えの衣に酢が入ったものと覚えると気軽につくれる。

〈材料〉トマト小1個　生食用ワカメ50g　ごま酢（酢大さじ1　砂糖小さじ2　醤油小さじ1・5〜2　白すりごま大さじ2）しょうがせん切り少々

〈つくり方〉

①トマトは6等分のくし形に切る。ワカメは一口大に切る。

②ボウルにごま酢の材料を合わせ①としょうがを入れて和える。

PART6

肉と卵、乳製品をメインにしたひとり暮らし食事術

1 肉をメインにした料理

肉料理といえば、まず浮かぶのは「スタミナ食＝元気」というキーワード。

肉には体づくりに欠かせない良質の蛋白質、旨味の素である脂質、ビタミン類などの栄養素がたくさん含まれている。

これらは体の組織をつくり、血の巡りをよくするので、脳の働きはより活発になり、持続力もつくといわれている。

新聞によると、その肉は家庭のおかずの主菜として2006年には、摂取量が魚を抜いて逆転したという。

肉はたしかに食べがいがあって、おいしさが直球でくる満足度の高い食材ではある。

天候に左右される魚にくらべ、手頃な価格と用途別の小パック売りで、買いやすい仕様だ。本書は一般的な食肉である牛、豚、鶏、鴨をメインに、市販される薄切り肉からかたまり肉、骨つき肉、挽肉、もつ類まですべて取りあげている。

それぞれの部位にふさわしい調理法においしさの秘密があるので、肉料理ならではのつくりがいのあるものも少なくない。

肉は素材として季節感が希薄なだけに、調理法や副材

料の野菜などで旬を心がけるようにしたい。

さて、肉はまた生活習慣病を気にするなど健康意識の高い人には気になるところ。

ある日、「1975年の食事が健康長寿のヒント」という記事（朝日新聞2018年10月8日）を目にした。魚や野菜が中心で時々、肉を食べるという当時の食生活の栄養バランスを東北大チームが分析したという紹介記事である。

こういうヒントを得たからには、肉に偏らず野菜や豆などを主とし、食材の数を増やし、うまく組み合わせて食べたいもの。本書を参考に「つくる」ことにも挑戦してみることで、バランスの良い食べ方にも自ずと関心が向くことだろう。

若い時のように肉の量を食べられなくなったという「大人」の方にも、たまにはという食べ方をおすすめし、量よりも質の食べ方に切り換えてみよう。そういう方に向け、ハレの日の腕まくり（スペシャリテ＝得意料理）に役立つごくベーシックな四季の肉料理も厳選した。

（1）春のレシピ

芽吹きの季節の春は、山菜や木の芽、菜の花、フキ、ウド、たけのこなど続々と登場し、その香り、彩り、苦みに圧倒される。

季節の変わり目の体調をととのえる、ぬた（酢みそ和え）などの酢のものがおいしく感じるときでもある。火を長く使う料理から遠ざかり、調理時間も短めになり、台所仕事の内容も衣替えに入る。

この季節に必ずつくる肉料理といえば、新じゃがで肉じゃが、牛肉とフキの炒め煮、ウドの肉巻き焼き、豚ばらとたけのこの旨煮など。

組み合わせるどの野菜も、素材の持ち味に力があって、肉に決して負けていないので脱帽である。春はまた弁当の季節。行楽はもとより、毎日の弁当づくりを始める人も多いようだ。初心者には鶏そぼろ（145ページ）をおすすめする。サンドウィッチなどにレバーペースト（146ページ）もいかが。

●牛すき煮

〈材料〉牛薄切り（切り落とし）肉100～150g

しらたき1袋　玉ねぎ小1個　スナップえんどう少々　煮汁（だし50mℓ　酒・みりん大さじ1・5　醤油大さじ2・5　砂糖大さじ1）

〈つくり方〉

①しらたきはさっとゆでて食べよい長さに切る。玉ねぎは薄切りにし、牛肉もざっと切る。

②煮汁を煮立て、しらたき、玉ねぎを入れて2〜3分煮る。

③牛肉を入れてほぐしながら少し煮る。下ゆでしたスナップえんどうを加えて全体を混ぜ合わせて火を止める（口絵Ⅱページ）。

●牛薄切り肉の軽い煮込み

牛ひれ肉をさっと煮る「ストロガノフ」でも、じっくり煮込むシチューでもなく、短時間でつくるこの料理は薄切り肉ならではのもの（口絵Ⅲページ）。

ハヤシライスが好きという方はこちらもお試しを。仕上げにバターライスを盛り合わせ、好みでサワークリームを添える。

〈材料〉牛薄切り肉200g　a（塩・こしょう各少々）玉ねぎ1／2個　しめじ50g　マッシュルーム1パック　ピーマン1個　にんにく1片　赤ワイン大さじ2　b（トマトピューレ大さじ1・5〜2　砂糖小さじ1／3　固形スープの素1／2個　水1カップ）ローリエ1枚　パセリの軸少々　塩適量　サラダ油・バター各大さじ1　パセリのみじん切り少々　サワークリーム適量　バターライス

〈つくり方〉

①牛肉は一口大に切りaをふり、玉ねぎは薄く切る。しめじは石づきをとってほぐし、マッシュルームは縦半分に切る。ピーマンとにんにくは細切りにする。

②鍋にサラダ油とバターを熱してにんにく、玉ねぎをしっかり炒め、肉も入れて炒める。

③肉の色が変わったら、きのこ類を加えて炒める。

④ピーマンも入れてさっと炒め合わせ赤ワインを加える。煮立ったらbを合わせて入れ、ローリエ、パセリの軸も加え、ふたをして弱火で20〜25分煮て、塩で味をととのえる。

⑤同時に炊き上げたバターライスとともに盛り合わせ、上にパセリをふり、サワークリームを添える。

もう一品
●バターライス

〈材料とつくり方〉（２人分）
①米２合（３６０㎖）は洗ってザルにあげる。
②バター大さじ１・５で玉ねぎのみじん切り大さじ２を透き通るまで炒め、米を加えて炒め合わせ炊飯器に入れる。
③水を２合の目盛りに合わせて加え、固形スープの素１／２個も砕いて入れる。いつも通りにスイッチを入れて炊く。

もう一品
●グリーンサラダ

新緑を思わせる火を使わないサラダ。
〈材料〉クレソン１把　きゅうり１本　レタス適量　ポン酢（市販品）・エキストラバージンオリーブ油各適量
〈つくり方〉
①クレソンは長さを三つに切る。きゅうりは小口切り、レタスは食べよい大きさにちぎる。以上を他の料理をつくる前に冷水を張ったボウルに入れ、パリッとさせる。
②①をザルにあげ水気をしっかり切って、ポン酢とオリーブ油で和える。

●豚の角煮

働き盛りの若いお嬢さんのレシピリクエスト上位がこの角煮。何でも早く簡単であればよいという風潮とは異なり、食べごたえ、つくりがいを尊重している。
豚ばら肉はじっくりと下ゆでし、余分な脂を除くこと。醤油は２回に分けて加え、味をしっかりしみ込ませ、塩と油入りの熱湯で色鮮やかにゆであげた青菜を添える。
〈材料〉豚ばら肉（１個１００ｇのもの）４〜５個　ａ（長ねぎの青い部分１本分　皮つきしょうがの薄切り４枚　酒１／３カップ）　砂糖大さじ３　醤油40〜45㎖　かたくり粉大さじ１　練り辛子　青梗菜１株　ｂ（塩・サラダ油各小さじ１）
〈つくり方〉
①豚肉とａを鍋に入れ、かぶるほどの水を加え強火にかける。

②煮立ったらアクをすくい、弱火にして約1時間ゆでる。
③②を鍋ごと十分に冷まし（時間があれば一晩おく）、表面に白く固まった脂と長ねぎ、しょうがも取り除く。
④③を火にかけ、砂糖、分量のうち2／3量の醤油を入れて30分ほど煮る。
⑤残りの醤油を加え、さらに20〜30分煮る。
⑥豚肉を盛り皿に取り出し、煮汁に水大さじ1・5〜2で溶いたかたくり粉を入れとろみをつけて肉にかける。
⑦青梗菜は株を縦四つに切り、ゆで汁にbを入れ色よくゆでて⑥に添え、練り辛子もおく。

もう一品
●新ワカメとかぶのサラダ

肉を煮ている間にできる旬のサラダ。

〈材料〉 刺身ワカメ（生食用）50g　小かぶ2個　かぶの葉（やわらかい芯）少々　塩・こしょう各少々　ごま油またはエキストラバージンオリーブ油大さじ1

〈つくり方〉
①ワカメは一口に切る。かぶは皮をむいて縦に薄切りにし、芯に近い若葉もきれいに洗って冷水につけてパリッとさせる。
②①をボウルに入れて塩、こしょうで味をととのえ、好みのオイルを回しかけ全体をよく混ぜて器に盛る。ドレッシングに酢を加えても。

●ミートソース

相棒のスパゲッティとの組み合わせで親しまれる牛挽肉でつくるミートソース。肉のラグー（煮込み）ともいう。

香味野菜を気長に炒めて甘みを出し、挽肉はパラパラの状態になるまで炒めるのがコツ。本家イタリア、ボローニャの名を冠したボロネーゼソースとも呼ばれる。手打ちパスタやラザーニア、グラタンなど汎用性は高い。

〈材料〉 牛挽肉200g　a（にんにく1片、セロリ1／3本　にんじん30g　玉ねぎ1／2個）生しいたけ2枚（またはマッシュルーム）オリーブ油大さじ1・5　トマトの水煮缶200g　赤ワイン1／3カップ　ローリエ1枚　ナツメグ少々　スープ1・5カップ（固形スープの素1／3個と水）塩・こしょう各適量　オ

リーブ油

〈つくり方〉

①aのにんにくと香味野菜はすべて挽肉と同じ大きさのみじん切りにする。

②生しいたけは軸をとりみじん切りにする。

③鍋にオリーブ油を熱し、①のにんにくから入れて炒め、他の香味野菜も加え弱めの中火で、甘みを出すためにじっくり炒める。

④オリーブ油を少し足して②を加えて炒め、水分が飛んで香りが出たら挽肉を入れて炒める。挽肉の水分が抜けてカリッとなったら赤ワインを入れて強火にしてひと煮立ちさせる。

⑤スープと裏ごしした水煮のトマト、ローリエを加え、ふたをして弱火で20分ほど煮込む。汁気が半分以下になり、パスタがからみやすい濃度になったら、塩、こしょうで味をととのえる。

●スパゲッティ

ミートソースといえばスパゲッティ。他のパスタ例ではペンネの少し細いセダニーニ、手打ちパスタの代表タリアテッレ。ここでは定番のスパゲッティーニ（1・6㎜）ゆで時間9分のものを使う。好みで細いタイプのフェデリーニ（1・4㎜）なら6分ゆでとなる。

〈材料〉（2人分）スパゲッティーニ160g　1・5ℓの湯　塩小さじ2

〈つくり方〉

熱湯に分量の塩を入れスパゲッティーニをパラパラと入れ、くっつかないように箸でさばく。表示時間通りにゆで、熱いうちにザルにあげ、水気を切って器に盛りミートソースをかけ、パルメザンチーズ（粉）とイタリアンパセリをふる。

もう一品

●ルッコラとタコのサラダ

ルッコラはロケットサラダとも呼ばれ（ルッコラは英語でロケット）、イタリアンで最も知名度が高い生食野菜。かぶ、菜の花と同じアブラナ科で若い大根葉に似る。かんだときのピリッとした辛みとごま風味が意表をつく。

〈材料〉ルッコラ1袋（パック）　紫玉ねぎ（アーリーレッド）1／2個　刺身用タコの薄切り適量　a（マヨ

ネーズ大さじ2・5 酢小さじ1 塩・こしょう各少々 エキストラバージンオリーブ油適量）

〈つくり方〉

①ルッコラは根を切り長さを三つに切る。紫玉ねぎは薄く切る。これを水に放し30分ほどおいてパリッとさせザルにあげる。

②タコと合わせて盛り、aの調味料を合わせたソースをかける。

鶏挽肉二題

鶏の挽肉といえば何といってもそぼろとつくね。鶏もも挽肉がおすすめである。二品ともお弁当にも向く。

●鶏そぼろ

春から始めるお弁当に欠かせない古典的なアイテム。つくりおきの常備菜によし、老若男女に愛されるごはんの友。すし飯にも向く。

調味料で炒りつける前に挽肉を下ゆでするのが千葉流。

〈材料〉 鶏もも挽肉200g a（砂糖大さじ2・5 醤油大さじ3 酒大さじ2 水大さじ4） しょうが汁少々

〈つくり方〉

①挽肉は熱湯にほぐし入れ、菜箸でざっとさばき、白っぽくなったら鍋に入れたまま湯を切る。

②①をすりこぎなどで突いて均一の状態にする。

③aの煮汁を加えて中火にかけ、煮立ったらアクをとり弱火にする。

④菜箸3〜4本で混ぜながら、パラパラの状態にし、汁気がほとんどなくなったらしょうが汁を入れて火を止める。

●鶏つくね煮

生の玉ねぎを挽肉と同量入れる、ボリュームたっぷり、旨味いっぱいのおかず。

〈材料〉 鶏もも挽肉150g 玉ねぎ150g a（みりん・醤油各小さじ1） 煮汁（みりん75㎖ 醤油大さじ2 水大さじ1）

〈つくり方〉

①玉ねぎは挽肉の粒子に合わせたみじん切りにする。

②挽肉に①とaを加えよく練り混ぜ、4個の小判形にま

とめる。
③鍋に煮汁を入れて煮立て、重ならないように②を入れる。煮立ったら弱火にして、落としぶたをして7～8分煮る。

鶏レバー二題

レバー類は消化がよく、蛋白質の他、ビタミン、ミネラルを豊富に含む。食べたいが扱うのが苦手という声を時々聞く。
そういう方に向けて趣の異なるこの二題を提案したい。まずは鮮度が第一、つややかでハリのある、血が流出していないものを求め、すぐに調理にかかること。今回は血抜きもしないので、触れるのが苦手な人に向く、少しズボラな調理法ながら味は秀逸。

●鶏もつの甘辛煮

「臓物」を略して「もつ」と呼ぶ。鶏の肝臓（レバー）と心臓（ハツ）がセットになって売られているものを使う。扱うのに馴れるまで、パックから出してそのまま調味料に投入するという乱暴なつくり方をする。馴れてきたらざっと洗って食べやすく切り、ハツは外側の白い部分を除き、半分に切って流水で洗うなどして、血抜きをしてもよい。

〈材料〉 鶏レバー（ハツ入り）250g　a（酒1／3カップ　水・砂糖・醤油各大さじ2・5　しょうがの薄切り4枚）

〈つくり方〉
①鶏レバーはパックから出してざっと水洗いをする（省略も可）。
②aを煮立て①を切らずに入れ、再び煮立ったら火を弱め、ふたをして15～20分煮る。煮汁ごと冷まし、食べるときに切り分ける。

●レバーペースト

レバーペーストといえば女性ファンが多い。ブランデーやバターを入れた手づくりは、格別の味に仕上がる。クラッカーを添えて。

〈材料〉 鶏レバー200g　ローリエ1枚　ブランデー大さじ2　玉ねぎのみじん切り大さじ2　サラダ油少々　ナツメグ少々　バター（レバーの半量～1／4）塩・

こしょう各適量　クラッカー

〈つくり方〉

①鶏レバーは、ハツがくっついている場合は切り離し、白い薄皮を除き、ハツを切り開いて水洗いをする。熱湯にこのレバー類とローリエを入れて4〜5分ゆで、ザルにあげて冷ます。

②玉ねぎは少々のサラダ油で炒めて冷ます。

③①のレバーを大きめの一口大ほどに切り少々の油を熱して強火で炒め、ブランデーをふり入れ、アルコールを飛ばし、しっかり中まで火を入れる。

④スピードカッターに②と③を入れて回し、ペースト状にする。

⑤レバーの半量または1／4量のバター（室温にもどしておく）を加えて混ぜ、塩、こしょう、ブランデー小さじ2、ナツメグなどを加えて、再びざっとカッターを回して混ぜ合わせ味をととのえる。

（2）夏のレシピ

夏の料理はまず涼しさの演出を心がけますが、素材や味つけが淡白になりすぎてもよくない。暑さに負けないように、ときにはパンチの利いた肉料理もお忘れなく。

焼きたての熱々は夏の本格チャーシューが二重丸。もっと短時間でできるビーフステーキ（151ページ）などはとくにおすすめ。

火を使いたくないときは、電子レンジ加熱で鶏むね肉のレンジ蒸し（149ページ）はいかが。夏には酸味をという方は、すりごまを加えたポン酢で食べるとコクも加わって満足する。この項で紹介する肉料理は短時間でできるものばかり。

食が細くなりがちなこの季節はまた、薬味や香味野菜（大葉、にんにく、みょうが、しょうが、小ねぎ）などを欠かさずに、常にたっぷり添えるだけでも暑気払い効果につながることを知っておきたい。

●本格チャーシュー

チャーシューといえばラーメン。

赤い食紅でふち取りした小粋な姿は今や古典となっている。チャーシューは「叉焼」と書く。鶏や豚、鴨を焼き串などにひっかけてつるして焼くことからきているという。

プロの装置がなくても、家庭のグリルやオーブンで十分に美味に焼き上がる（口絵Ⅶページ）。

つくり置きもよいが、熱々の焼きたてはやわらかく、とくにおすすめしたい。オーバーなほどに食紅を利かせる。

〈材料〉（つくりやすい分量）豚肩ロース（かたまり、またはばら肉）４００～５００ｇ　塩小さじ１　砂糖大さじ１　ａ（醤油・紹興酒各小さじ２　ごま油小さじ２　食紅）　辛子醤油

〈つくり方〉

①肉は繊維にそって長さを三つ～四つの棒状に切り、塩と砂糖をていねいにすり込む。

②ボウルに①の肉を入れａを加えて全体をよく混ぜ、２～３時間おいて、ごま油を少々ふりかける。

③コンロのグリルで焼く。グリルの金網を低い方にセットして肉をのせる。強火で２～３分焼く。焼き色がついてきたらやや火を弱め、５～６分焼く。裏返して同様に焼き、竹串を刺してみて赤い肉汁が出なければ焼き上がり。焦げやすいので火の調節に気を配る。

④熱々を切り分けて器に盛り、辛子醤油で。

※オーブンで焼く場合

オーブンを２００℃に熱し、天板に金網をのせ肉を並べて焼く。20～25分ほどして肉に竹串を刺してみて、赤い肉汁が出てこなければ仕上げに２５０℃ほどの強火にしてカラリと仕上げる。

もう一品

●レタスの瞬間ボイル

飲茶の店で食べた料理名は「温レタス」。

そのシンプルな仕立てが気に入ってつくってみたもの。火の通りやすいレタスはゆでるよりも早く、さっと熱湯をくぐらせるだけ。やわらかくやさしい食感となりいくらでも食べられる。

〈材料〉レタス１個　タレ（醤油25mℓ　砂糖小さじ１　エキストラバージンオリーブ油少々）

〈つくり方〉

①レタスは大きければ縦に四つに切り、小さめなら二つに切る。

②タレを合わせておく。

③多めの湯を沸かし、①をザルに入れてさっと全体を沈

めてくぐらせ、すぐ取り出す。器に中高に形よく盛り、②のタレをかける。レタスがしんなりしすぎない熱々がおすすめ。ポン酢、マヨネーズなどでも。

●鶏むね肉のレンジ蒸し

火を使いたくない夏場の調理にぴったりなのが電子レンジ。人気の鶏むね肉をゆで鶏よろしくレンジ加熱する（口絵Ⅲページ）。

活用の参考までに述べると電子レンジ加熱は今回のように少量つくる場合に時短となり、実力を発揮する。

〈材料〉鶏むね肉1枚（130g）　a（塩小さじ1／3　酒大さじ1　こしょう少々）　ラディッシュ・レモン　黒こしょう少々　めんつゆ（52ページ参照）60㎖

〈つくり方〉

①鶏肉にaをふってざっともみ、10分おく。

②①を耐熱皿に入れラップをふんわり軽くかけて電子レンジ500Wで2分30秒〜3分加熱。ラップをかけたまま冷ましそぎ切りにする。

③ラディッシュとレモンを添え、黒こしょうをふってめんつゆをかける。

もう一品

●トマトと卵の炒めもの

出盛りのトマトと卵でささっとつくる炒めもの。ボリュームがあってヘルシーな献立に。

〈材料〉卵2個　塩少々　玉ねぎ小1／2個　トマト中1個　にんにくの薄切り1片分　サラダ油大さじ2・5　めんつゆ（52ページ参照）45㎖

〈つくり方〉

①卵はほぐして塩少々で味をつける。玉ねぎは皮をむいてトマトとともにくし形に切る。

②フライパンにサラダ油大さじ1・5を熱し、とき卵を入れて（強火）大きくかき混ぜ、ふんわりしたら取り出す。

③②のフライパンに残りの油を熱し、玉ねぎ、にんにくの順に炒め、香りが出たらトマトを加えて一混ぜする。めんつゆを鍋肌から回し入れ②の卵を戻して炒め合わせる。

●豚のしょうが焼き

手軽でごはんに合う人気のお惣菜。肉の厚さは市販のしょうが焼き用よりも少し薄く、部位は肩ロース。これでやわらかく仕上げることができる。

〈材料〉豚肩ロース薄切り肉6〜8枚　a（おろししょうが小1片分　酒大さじ1・5　みりん大さじ2　醤油大さじ1・5　砂糖小さじ1）サラダ油小さじ2　付け合わせ（キャベツまたはレタスのせん切り・大葉のせん切り各適量）

〈つくり方〉

①バットに豚肉を広げて入れ、合わせたaをかけて1〜2分漬ける。

②フライパンに油を熱し、①の肉を一枚ずつ広げて入れる。薄く色づいたら裏返す。

③残った漬け汁を全体に回しかけ、強火にしてからめツヤよく仕上げる。

④付け合わせの生野菜に大葉のせん切りを混ぜて皿に敷いて上に③を盛る。

もう一品

●いんげんと玉ねぎのごま酢

旬のいんげんと玉ねぎの甘酢にごまを加えたコクのある酢のもの。

〈材料〉いんげん80g　玉ねぎ小1／2個　塩少々　ごま酢（酢大さじ2　砂糖小さじ2・5　塩小さじ1／5　白半ずりごま大さじ2）

〈つくり方〉

①いんげんは筋を取り長さを四つに切る。玉ねぎはくし切りにする。

②湯を沸かし、いんげんを入れて2分ほどしたら玉ねぎを加え、再び煮立ったところでザルにあげる。全体にごく少量の塩をふる。

③②の粗熱がとれたら、合わせたごま酢の調味料で和える。

●ヨーグルトチキンカレー

教わったレシピを自分なりに工夫してみたら、香り、辛さとも老舗の味に近づいたような出来映え。多めに加えるヨーグルトに少量のかたくり粉を加えるのが分離を免れるコツ。

ターメリックライスとともに。

〈材料〉 鶏骨つきももぶつ切り400g a（塩小さじ1／4 カレー粉小さじ1・5） サラダ油大さじ1・5 b（にんにく1片 しょうが小1片 玉ねぎ1／2個） サラダ油大さじ4〜5 トマトの水煮1／2缶分 プレーンヨーグルト1カップ かたくり粉小さじ1 水2カップ 固形スープの素1／2個 ローリエ1枚 赤とうがらし1本 c（クミンシード・ターメリックパウダー各小さじ1・5）

〈つくり方〉

①鶏肉にaをまぶして30分おく。

②bはすりおろして合わせておく。

③サラダ油で①を色よく炒め、取り出す。

④この鍋に大さじ2のサラダ油を足し、②を汁ごと入れて水分を飛ばしながら中火で炒める。

⑤徐々にペースト状になってきたらトマトをこしながら加える。さらに残りのサラダ油大さじ2〜3を補って、濃いめのきつね色になるまで炒める。

⑥cと赤とうがらしを加えて一混ぜし、肉を戻し入れ、水、ローリエ、固形スープの素を入れる。煮立ったらアクをとり、ふたをして20分煮る。

⑦ヨーグルトにかたくり粉を加えて泡立器でなめらかにしてから⑥に加え、弱火でさらに10分余り煮る。火を止めて少し落ちつかせる。

もう一品

●ターメリックライス

〈材料とつくり方〉

米2合（360㎖）は洗ってザルにあげ30分おき、炊飯器に入れ2合の目盛りに合わせて水を入れ、塩小さじ1／3、ターメリック小さじ1弱を加えて全体を混ぜてから普通に炊く。

きゅうりのピクルスやらっきょうの甘酢漬けなどを薬味とする。

●ビーフステーキ

盛夏、酷暑といえどもおいしいものは別腹。ちょっと贅沢だが時間をかけずに満足する料理の代表といえばビフテキ（口絵Ⅷページ）。

専門的な肉屋さんのレクチャーによる焼き方を実践したら上出来。この技法をご紹介する。

スーパーで見かける100gほどにカットした小ぶりで厚切りのステーキ肉を使う。

部位はランプでよい。焼き馴れたら肉の部位をランクアップするとよいが、ある料理人は1人分40gほどでよいと教えてくれた。霜降り肉などはその通り。「もう少し食べたい」はごちそうの運命なのだから。

〈材料〉（1人分）牛ステーキ肉（ランプ）厚さ1cm強のもの100g1枚　塩・こしょう各少々　サラダ油少々

〈つくり方〉

①肉は冷蔵庫から出して室温にもどしておく。片面だけに塩こしょうをし、サラダ油を薄く塗る。

②フライパンを熱して油少々を入れて強火にし①の肉をすべての側面からさっと焼き、次に塩、こしょうをした面から、1分弱ほど焼く（肉が薄い場合は側面不要）。

③肉を返し強火のままさらに40〜50秒ほど焼く。肉を取り出してアルミ箔で包み、皿などにのせてフライパンの上に戻し約1分のせて余熱をかけ、落ちつかせる。

④ホイルをはずし切り分ける。中がほどよいピンクで外側の焼き色と対比できればよい。ホイルをあけたときに出る汁が薄い醤油色であれば万人向きのほどよい焼き加減と思う。この汁を肉にかけて戻してやる。

もう一品

●いんげんとしいたけのバター炒め

〈材料とつくり方〉

かたゆでにしたいんげんと、薄切りの生しいたけをバターで炒め塩こしょうで好みの塩加減に味をつける。定番のフライドポテトとクレソンでもよい。

（3）秋のレシピ

野からも、山からも、実りの秋がやってきて、海の魚も脂が乗っておいしくなる、食欲と味覚の秋到来。

秋晴れというように、湿気が少ないカラリとした天候は快適で、食欲も出て充実する季節。料理もじっくりつくり、たっぷり食べたい肉料理の本格的な出番である。

暑い日もあるものの、夏の名残はつかの間、朝夕の寒さに冬の気配がただよい始める。出そろった秋の食材と肉を合わせて、温かくてボリュームのある料理をつくりたい。このころで一番のおすすめはローストビーフ（157ページ）。年の瀬のしめくくりにふさわしい、他の追随を許さない肉料理の王道といえる。

老若が好きな味覚で、習得しがいのある上級者向きの調理内容が心憎い。肉好きなら挑戦する価値あり。失敗してもこりずにチャレンジを。

●手羽先のみそ煮

秋冷も本格的になると、食べたくなるものがガラリと変わってくる。このみそ煮はコクがあって、しかも手羽先の骨が歯に当たるので食べごたえで満足する一皿。冷めるとまわりがゼリー状になり煮こごりを思わせる。蛋白質のコラーゲンが加熱によって分解したものと聞けば食指が動く。

〈材料〉鶏手羽先500g　しょうが1片　赤みそ（赤だしなどの黒っぽいみそ）　酒・砂糖各大さじ3　サラダ油大さじ1・5

〈つくり方〉

①鍋にサラダ油を熱し、皮ごとつぶしたしょうがと手羽先を炒め、酒をふり入れて2〜3分蒸し煮をし、残りの調味料の砂糖、みそを加えて全体を混ぜ合わせる。

②みその香りが出たら、かぶるくらいの水を加え強火にする。煮立ってアクが出たらすくい、火を弱めの中火にし、ふたをして40〜50分煮る。

③仕上げに強火にし汁気を煮つめ、コッテリと仕上げる。

もう一品

●青梗菜としめじの炒めもの

旬の青梗菜はビタミンC、カロテン、カルシウムが豊富で、ほっそりした若葉が初々しい。

〈材料〉青梗菜2株　しめじ100g　にんにくの薄切り1片分　a（水・酒各大さじ1　塩小さじ1／3　こしょう少々）　サラダ油大さじ1・5

〈つくり方〉

①青梗菜は長さを三つに切り、茎は縦に六つに切る。しめじは根元を切りざっとほぐす。

②サラダ油を熱し、にんにくとしめじを入れて炒め、香

りが出たら青梗菜の茎を加えて強火で炒める。葉も加えて炒め合わせ、aを回し入れて火をやや弱める。ふたをして1分ほど蒸し煮にし、青梗菜に火が通ったら火を止める。

●クリームシチュー（チキン）

白くポッテリとやさしい味のクリームシチューはポーク、チキン、貝、いずれもおいしい。肉に粉を直接ふって、牛乳と生クリームを使うと、ホワイトソースいらずですむ。

〈材料〉 鶏もも肉1枚（250g）　a（塩小さじ1／3　こしょう少々）　芽キャベツ4個　かぶ2個　にんじん1／3本　玉ねぎ1／4個　白ワイン大さじ2　小麦粉大さじ1と1／4　ローリエ1枚　b（固形スープの素1個　水1・5カップ）　c（牛乳・生クリーム各1／4カップ）　塩・こしょう各少々　バター大さじ3　サラダ油小さじ2

〈つくり方〉

①芽キャベツは根元に十文字の包丁目を入れる。玉ねぎは薄切りにする。にんじんは2cm幅の輪切りにする。かぶは茎を2cmほど残して葉を切り落とし、皮をむいて4等分のくし切りにする。

②鶏もも肉は余分な脂を除いて八つに切ってaで下味をつける。

③鍋にサラダ油を熱し、②を皮目を下にして入れ、薄い焼き色がつくまで両面を焼く。白ワインをふって煮立てアルコールを飛ばす。ここにバターの半量と小麦粉を入れ焦がさないように炒める。

④ローリエとbを加え、煮立ったらアクを除き、ふたをして弱火で10分ほど煮る。

⑤残りのバターで野菜をざっと炒め④の鍋に加え、野菜がやわらかくなるまで10～15分煮る。合わせたcをここに入れ、温まる程度に煮て、塩、こしょうで味をととのえる。

※ポークでつくる場合は肩ロースがおすすめ。肉を1・5cm角ほどに切り、同様につくるが、煮る時間を長くする。

もう一品

●れんこんとルッコラのサラダ

新れんこんに緑のルッコラ、秋らしい色の赤玉ねぎを配したお洒落なサラダ。

〈材料〉 れんこん小1節　赤玉ねぎ1／2個　ルッコラ1把　ドレッシングa（塩小さじ1／3　酢大さじ1　エキストラバージンオリーブ油大さじ2）

〈つくり方〉

れんこんは皮をむいて薄切りにして、さっとゆでる。ルッコラは長さを三つに切り、赤玉ねぎは薄切りにする。以上を合わせ、aのドレッシングで和える。

●黒酢の酢豚

酢豚といえばケチャップ味でおなじみだが、この節は黒酢味の傾向で、香りとコクに特徴がある。今は老酒（紹興酒）や中国の黒酢〝鎮江香醋《ちんこうこうず》〟などが身近に購入できる。その土地、その国の本来の調味料を使うとその国らしさが味に出る。カリッと揚げた豚肉にとろりとしたあんがからむときの食感を酢豚の中国名「咕嚕肉《クルルウ》」が漢字で表現しているのだという。揚げたての肉にタイミングよく熱々のあんをかけて食べるべし。

〈材料〉 豚ひれ肉180g　玉ねぎ小1／2個　ピーマン2個　a（醤油・酒各小さじ1）　卵1／2個　かたくり粉大さじ2　b（黒酢・水・老酒各大さじ2　醤油大さじ2・5　砂糖大さじ3　かたくり粉小さじ1）揚げ油適量

〈つくり方〉

①豚肉は2cm幅ほどに切りaをからめる。玉ねぎはくし切り、ピーマンも一口に切る。

②溶いた卵とかたくり粉を合わせ豚肉を入れて全体にからませる。

③鍋に揚げ油を入れ、やや低めの160℃に熱して②を入れてカラっとなるまでゆっくり揚げる。色よく揚がったころに少し温度を上げ、2種の野菜を入れ、ピーマンの色が変わったらすぐ全材料をすくってバットなどに取り出す。

④鍋にbの調味料を入れて中火にかける。煮立ってとろみがついてきたら③のすべてを戻し入れて手早く全体にからめ皿に盛る。

もう一品

●大根とワカメの中華サラダ

寒さに向かっておいしさを増す大根に、これも旬に向かう長ねぎのせん切りをのせて、熱い油をかける中華サラダ。いくらでも食べられる。

〈材料〉 大根350g　生食用ワカメ50g　長ねぎの白い部分1／2本分　a（サラダ油大さじ1　ごま油小さじ1・5）

〈つくり方〉

①大根は3～4cmの長さのせん切りにし塩小さじ1／2弱ほどを全体にまぶし、しんなりしたら水気を絞る。ワカメは食べやすく切る。長ねぎは4cmのせん切りにする。

②器に大根を盛り、上にワカメ、さらにその上に長ねぎをのせる。

③aの油をフライパンに入れ、煙が出るまで熱して、すかさず②の長ねぎの上からかける。食べるときに全体を混ぜる。

●スペアリブの紅茶煮

肉のかたまりをウーロン茶や紅茶で煮ることはするが、それを豚のスペアリブでというのは、イタリア料理のシェフに教わったもの。

アールグレイという中国系の紅茶の抽出液と塩だけで勝負するスペアリブには感激。

紅茶のタンニン効果のためか、スペアリブ特有の匂いや脂が抜けて、キリリとした褐色の美形に仕上がる。

〈材料〉 スペアリブ4～6本　塩小さじ1／2　こしょう少々　a（アールグレイの茶葉大さじ1　熱湯2カップ）（ティパックなら2袋）　にんにく皮つき2片　ローズマリー2本

〈つくり方〉

①スペアリブに塩、こしょうをして30分ほどおく。

②aの熱湯に茶葉を入れ数分おいて抽出し、こす。

③鍋にスペアリブ、にんにくを入れて②を注ぎ、強火にかける。煮立ったら弱火にしてふたをして1時間ほど煮込む。ふたをとり水分がなくなってきたら、ローズマリーを入れて香りを移し、汁気がなくなるまで焼くようにして、やや強火にして水分を飛ばしカラリと仕上げる。

もう一品

●アボカドとサーモンのサラダ

アボカドは森のバターともいわれ、果物に分類される。不飽和脂肪酸が多く吸収率も良いというすぐれもの。スモークサーモン、レモンと合わせると味、栄養ともに最強のコンビに。

〈材料〉アボカド1個　スモークサーモン6枚　レタス類適量　塩・こしょう各少々　レモン汁・エキストラバージンオリーブ油各適量

〈つくり方〉

①アボカドは縦二つに割って包丁の刃先などで種を取り出す。皮をむいて食べやすい大きさに切りレモン汁をふる。

②器に好みのレタス類をちぎって置き、①とスモークサーモンをバランスよく盛り、塩、こしょう、レモン汁、オリーブ油で調味する。

●ローストビーフ

ローストビーフは、暮れから正月と続くハレの日につくりたい飛び切りのごちそう。

かたまり肉を1kg以上使って、肉そのもののおいしさを味わう、本家はイギリスの贅沢なロースト。肉に関しては、高価な和牛でなくても、その下のランクの交雑種（店によって表記がいろいろ）ならば、同じ部位でもグンと求めやすくなる。肉の予算、部位、重量が決まったら、早めに肉屋さんに予約すること。

このレシピでは初心者でもつくりやすい重量とした。部位はイチボ、ランプ、ももなどだが、友人に教わって以来、50年近くイチボを選んでいる。焼き汁でつくるグレービーソースの他、西洋わさび（ホースラディッシュ）の付け合わせもおすすめしたい。

〈材料〉牛かたまり肉（イチボ、ランプ、ももなど）600～800g　塩小さじ2／3～小さじ1　こしょう少々　香味野菜a（セロリの茎の薄切り1／2本分　玉ねぎの薄切り1個分　にんじんの薄切り1／4本分　にんにくの薄切り1片分）　サラダ油大さじ1　グレービーソース（白ワイン50㎖　水1・5カップ　固形スープの素1／2個）　クレソン・ホースラディッシュ各適量

〈つくり方〉

①牛肉は焼く1時間前に冷蔵庫から出しておく。肉の表面に塩、こしょうをすり込んで15分ほどおく。オーブンを200℃に温めておく。

②フライパンにサラダ油を熱し、①の肉を入れて、すべての面をこんがりと焼きつける。

③天板にaの香味野菜を敷いて、②の肉をのせ、予熱をしたオーブンに入れる。

④20分ほど焼いたら取り出し、肉の一番厚い部分に金串（なければフォーク）を刺し、10秒ほどしたら唇に当ててみて、温かければ焼き上がり。冷たければオーブンに戻し入れ、さらに5分ほど焼いて焼き加減を調節する（良質の肉は1kgで30〜40分焼くが、その場合もまず20分たったら、金串チェックを行なうとよい）。

⑤肉を取り出してホイルに包み、バットにのせ、オーブンのそばの温かいところに20〜30分（焼き時間と同じ時間）ほどおいて休ませる。

※焼いてすぐ切ると肉汁が流れ出てしまうので注意。ホイルをはずして赤い汁が出ている場合は生っぽい焼き上がり。醤油色の汁が出ていればほどよい焼き上がりで、汁が出なければ焼きすぎ。

⑥肉を休ませている間にソースをつくる。肉を焼いたあとの天板を火にかけ、残っていた野菜に焦げ色が足りなければ少し焼いて、余分な焼き油だけを紙タオルなどでふきとる。ここに白ワインを加え、木ベラで天板に付いた旨味をこそげ、水と固形スープの素を加えて軽く煮る。ややとろみがついたら塩、こしょうで味をととのえてこす。

⑦ホースラディッシュは洗って皮を薄く削るようにむいてすりおろす。

⑧温めた皿に肉をやや厚めに切り分けて盛り、⑥はソースポットに入れ、⑦とクレソンを添える。

もう一品

●バターブロッコリー

旬のブロッコリーは油断するとゆですぎになるほどにやわらかいのでご注意を。

〈材料とつくり方〉

ブロッコリー1株は小房に分けてゆでて、ボウルにとり、熱いうちにバター大さじ2ほどをちぎって全体にからませ、塩、こしょうで味をととのえる。

（4）冬のレシピ

寒い冬は体が温まるものが何よりのごちそうだ。日本の冬の鍋ものは種類も多く人気がある。そこに加えたいのが洋風の煮込み。ビーフシチュー（163ページ）やポトフ（160ページ）は料理好きなら必ず習得したい料理であろう。相棒の野菜と一緒にコトコト煮るだけで付け合わせもできてしまう。煮込み用の肉は時間を食うものの、弱火でコンロにまかせるだけである。霜が降りて甘みを増した、かぶ、大根などの根菜類をポトフに入れ、たくましく育ったほうれん草はシチューの青みに使うなど、冬の野菜を一緒に味わえる。

ポトフの名の通り、冬の台所は火の上に何かしらの鍋がかかって、コトコトつぶやいていたりする。こうしてできた料理を盛る器は、あらかじめ温めておくこと。熱いものは、あくまでも熱くいただくことが、この季節の大切な心がけである。

●シュウマイ（焼売）

寒さも本格的になるとセイロや蒸し器の登場が増える。熱々の手づくりシュウマイは既製の皮を使うので手軽につくれる愛すべき惣菜。

挽肉と同量加える玉ねぎはあっさり味を引き受けている。挽肉の粒子に合わせ細かいみじん切りにして水気をしっかり絞ること。

〈材料〉（つくりやすい分量）シュウマイの皮1袋（24枚）　豚挽肉250g　玉ねぎ250g　かたくり粉大さじ2　干ししいたけ2枚　a（塩小さじ2／3　酒小さじ2　砂糖・カキ油・ごま油各小さじ1　こしょう少々）　キャベツの葉　醤油　練り辛子

〈つくり方〉

①玉ねぎ、水でもどした干ししいたけはともに細かいみじん切りにする。玉ねぎはふきんに包み、きつく絞ってかたくり粉をまぶす。

②ボウルに豚挽肉とaを入れよく混ぜて粘りを出し、①も加えて混ぜ合わせる。

③シュウマイの皮に②を大さじ1ずつのせ、包んで形を

ととのえる。

④蒸気の上がったセイロにキャベツの葉を敷き、③を並べ、強火で10分～12分蒸す。醤油、練り辛子を添える。

もう一品

●ホタテ貝柱の薬味ソース

生食用のホタテはそのままでもよいが、さっと霜降りの一手間をかけると、貝の甘みが出て衛生的でもある。

〈材料〉ホタテ貝柱（生食用）4～6個　きゅうり1本　薬味ソース（ねぎのみじん切り大さじ1　しょうがのみじん切り小さじ1／2　おろしにんにく少々　醤油大さじ1・5～2　酒・砂糖各小さじ1　酢小さじ2　ラー油少々　ごま油小さじ1・5）

〈つくり方〉

①ホタテは熱湯をさっとくぐらせ、すぐ氷水にとり、水気をふいて横二枚に切る。

②きゅうりは縦半分に切り、さらに斜め薄切りにし水に放してパリッとさせる。

③皿に②を敷いて、①を上に盛り、すべて混ぜ合わせた薬味ソースをかける。

●ポトフ

寒くなると口々に鍋ものというが、フランスのポトフもまたそつがない。

その名の通り、肉や野菜を入れた鍋（ポット）を火にかけるだけのシンプルさである。

牛肉を使うが、部位を混ぜてもよいし、鶏の骨つきや豚スペアリブを入れたり、単一でつくっても十分おいしくできる。

スープ・肉・野菜料理がいっぺんに出来上がる見事な家庭料理。

〈材料〉牛肉（スネ、もも、ばらなど）350g　水7・5カップ　a（玉ねぎ小1個　クローブ1個　セロリ・長ねぎ各1／3本　ローリエ1枚　にんにく皮つき1片　パセリの軸1本）にんじん小1本　大根100g　じゃがいも（メークイン）小2個　キャベツ小1／6個　こしょう少々　辛子

〈つくり方〉

①玉ねぎは皮をむいてクローブを刺す。にんじんは皮をむき縦半分に切る。大根は皮をむいて二つに切る。

じゃがいもは皮をむく。キャベツは二つのくし形に切る。
②鍋に7・5カップの水とかたまりのままの牛肉を入れて火にかける。煮立ったら火を弱めアクをとり10分ほど煮る。
③クローブを刺した玉ねぎとaの他の香味野菜を入れ、微沸とうを保ちながら50分煮る。
④大根とにんじんを加え、火を強めて10分ほど煮る。さらにキャベツ、じゃがいもを加え15〜20分煮る。
⑤スープから肉と野菜を取り出して肉を切り分け、大根、にんじんも食べよく切り、他の野菜とともに盛り合わせる。スープに塩・こしょうで味をととのえて上から注ぐ（別添えも可）。塩・辛子を添える。
※煮ている間に煮汁が煮つまった場合はお湯を少し足す。

もう一品
●大根とサーモンのマリネ

水々しい冬大根を立塩《たてじお》（海水くらいの塩水）に浸してしんなりさせサーモンと和える、相性絶妙の前菜。つくり置きもできる。

〈材料〉大根3〜4cm（約３００ｇ）立塩（水3カップ 塩大さじ1）スモークサーモン１００ｇ a（酢大さじ１・５ 砂糖小さじ1／2 水大さじ1 エキストラバージンオリーブ油大さじ２・５）あればディル（サーモンに向く生ハーブ）少々

〈つくり方〉
①大根は厚く皮をむいて縦半分に切り、薄い半月切りにし、立塩に15分ほど浸す。
②しんなりしたら水気を絞り、aのドレッシングを合わせた器に入れ、サーモンも加えて混ぜ合わせ、ディルとともに盛る。

●鴨のロース煮

冬は狩猟動物ジビエの季節。鴨もその仲間だが、一般に出回るのは養殖ものの合鴨（真鴨とあひるのかけ合わせ）。天然ものの旬は11月ごろから。正月用にスーパーで売られる合鴨は脂が厚く肉感的だが、野鴨にくらべるとクセがない。抱身《だきみ》と呼ぶむね肉を甘辛味に浸して蒸すか煮るかするロース煮は見事な味である。ローストビーフ並みに中心部をピンクに仕上げるのがコツ。長年、料亭のおせちの逸品であったものが家でつくれる。

〈**材料**〉合鴨のむね肉1枚　煮汁（酒・水各1／2カップ　醤油1／4カップ　みりん・砂糖各大さじ2・5　酢小さじ1）　クレソン適量

〈**つくり方**〉

①合鴨肉は皮目の全体をフォークなどで突いておく。

②よく熱したフライパンに油をひかずに①を皮目を下にして入れ、焼き色がつくまで2～3分焼く。返して身の方はさっと焼く。

③②を流しにもってきて、熱湯をたっぷりかけて脂抜きをし、水気をふく。

④鍋に煮汁を合わせて煮立て、③を皮目にして入れ、アルミ箔で落としぶたをして、中火で10～13分煮る。

⑤身の厚い中心部を指で押してみて、弾力があれば半生になっているので火を止める。

⑥肉を取り出し、煮汁を冷まして固まった脂を除いて、肉をこの煮汁に戻す。

縦長に薄切りにしてクレソンと盛ると洋風の趣。端から薄切りにすると和風に。食べるときに切り分け、煮汁をソースとする。

※保存袋に入れて冷蔵すると4～5日保存できる。

もう一品

●大根と油あげの薄味煮

下ゆでした大根と上質の油あげを薄味の煮干しだしで煮含める。汁も飲めるおでん風。

〈**材料**〉大根300g　油あげ1枚　煮干しだし（72ページ参照）2・5カップ　a（みりん大さじ3　うす口醤油小さじ2　塩小さじ1／2弱）　柚子の皮のせん切り少々

〈**つくり方**〉

①大根は1・5㎝ほどの輪切りにし、皮を厚くむいてさらに二つに切って半月にしてかために下ゆでする。油あげは1枚を六つに切る。

②煮干しだしに大根を入れて10分ほど煮て、aで味をつけさらに油あげを入れて15分ほど煮る。火を止めて冷めるまでおく。食べるときに温めて器に盛り、柚子の皮のせん切りをのせる。

●ビーフシチュー

ビーフシチューは牛肉の赤ワイン煮が元祖ともいう、誰もが知る洋食の代表である。

その名を口にするとき、どこか敬意に満ちたよそゆきの気分になる格別の存在。

もてなし料理の仲間に入れたくなる。

赤ワインをたっぷり使うのでフランスの産地の名を冠してブルゴーニュ風ともいう。

つくり方は、かたい肉を赤ワインや香味野菜で一晩マリネしてつくるものもあり、つくる人によって違いがあるが、赤ワインは惜しみなく使いたい。

〈材料〉（2〜3人分）牛肉（シチュー用）400〜500g　塩小さじ1／3　こしょう少々　小麦粉大さじ1・5　a＝香味野菜（玉ねぎのみじん切り1個分　にんじんのみじん切り1／3本分　セロリのみじん切り1／2本分　にんにく1片のみじん切り）　赤ワイン2カップ　ローリエ1枚　タイム1枚　トマトの水煮2〜3個　固形スープの素1／2個　サラダ油大さじ3　マッシュルーム4〜6個　ブロッコリー1／2房　塩・こしょう・バター各適量

〈つくり方〉

①鍋にサラダ油を熱し、aの香味野菜をアメ色になるまでじっくり炒める。

②肉に塩、こしょうをし小麦粉をまぶす。サラダ油大さじ1で肉の表面を色よく焼いて①の鍋に入れる。

③②のフライパンの焼き汁に赤ワインを加えて旨味をこそげ落とし、半量になるまで煮つめ、①の鍋に加える。ここに水をひたひたに注ぎ、ローリエ、タイムを加え強火にかける。煮立ったらアクをとり、弱めの中火にし、トマトの水煮を手でつぶしながら加え軽く塩、こしょうをする。弱い火加減にし、ふたをして1時間〜1時間30分煮る。

④肉がやわらかくなったら汁をこし、濃度が薄ければ少し煮つめてゆるいとろみをつけ肉を戻し入れる。

⑤小房に分けてゆでたブロッコリーと二つに切ったマッシュルームをバターで炒め、塩こしょうで味をととのえる。

⑥④を再びさっと温めて器に盛り、ソースをかけソテーした⑤の野菜を添える。

※付け合わせとしてヌイユといううきしめん状のパスタをゆでてバターをからめたものを添えたり、バターライスもおすすめ。他に献立としてはポテトサラダ、グリーンサラダなどを組み合わせるとよい。

●煮豚

豚のかたまり肉を醤油味で煮込む、つくり置きの一品。ラーメンの上にのるチャーシューといえばほとんどこの煮豚。

かたまり肉は挽肉や薄切り肉と異なり、賞味期限が長い。すぐに調理しなくてもよいので、買い置きができる。丸のまま煮込んでおくと食べる都度切り分けて、酒肴やチャーハン、ラーメンに使える。ボリュームのある肉料理のストックがあると思うとめっぽう心強い。

冬の料理というより「時知らず」としてもよいが、マメに火を使うときこそ習得どき。

煮汁の活用で、ごぼうやにんじんを煮るなど、副産物も楽しめる。

〈材料〉 豚のかたまり肉（肩ロースなど）400g

a（醤油・砂糖各1／3カップ　皮つきにんにく1片　しょうがの薄切り4枚）　ゆで卵3個　溶き辛子少々

〈つくり方〉

①肉がかぶるくらいの熱湯に肉を入れて煮立ったら中火にしアクをとる。20分ほど煮てaを加える。

②竹串がやや通るようになったらさらに25～30分煮て、からをむいたゆで卵を入れる。5分ほど煮て火を止めて冷ます。

③切り分けて溶き辛子を添える。

もう一品

●切り干し大根のナムル（24ページ参照）

②卵・乳製品をメインにした四季の料理

卵は、そのバランスの良い栄養分と使いやすさ、価格面での求めやすさから、最も親しみやすい食材である。欠かさず、買い置きしておきたい。このところ、卵かけごはんが人気のようだが、調理法によってはボリュームのある一品になるので満足感も出る。ビタミンCを除きほとんどの成分が含まれているので、それを補う野菜やいもと組み合わせるとよい。

さて、卵にも旬がある。春は卵、といわれて、生産量の最盛期は4〜5月。新入学の時季、復活祭のころである。選ぶ際にはパックの賞味期限、生産元などの表示を確認することもお忘れなく。

一方の乳製品は、この卵と組み合わせることで最強の名コンビとなっている料理やお菓子が数多い。この項では、牛乳やチーズがメインというより、卵と組み合わせることを主とし底力となる使い方を中心に取りあげている。また、おかずではないが、唯一、例外として卵と牛乳を使うデザート菓子の一種「クレープ」も登場させている。

(1) 春のレシピ

●新ワカメと菜の花の卵じめ

この海と里の幸は、春を代表する出合いの味。菜の花の緑のつぼみ、卵の黄色が春の浮き立つ心さながら、まぶしい。

〈材料〉 菜の花1／2把　新ワカメ（生食用）適量（40g）　煮汁（だし3／4カップ　酒・みりん各小さじ2・5　うす口醤油大さじ1・5）　卵小2個

〈つくり方〉

①菜の花はかたい部分を切り落とし、さっと下ゆでしてザルにあげ、水気を絞って長さを二つに切る。ワカメは食べよい大きさに切る。

②鍋に煮汁を入れて煮立て、①を入れ煮立ってきたら、溶きほぐした卵を回し入れ、ふたをして弱めの中火にして好みの煮え加減になれば火を止める（他にきぬさや、アサリのむき身などを合わせても。菜の花はゆでずに使ってもよい）。

●じゃがいものフリッタータ

フリッタータというのはイタリア式のオムレツのこと。スペインのじゃがいも入りも有名である。卵に不足な栄養分のビタミンCを補うのがじゃがいも。ボリュームがあってテクニックいらず、食べごたえ十分の実力ぶりである。

〈材料〉 卵2個　パルメザンチーズ大さじ1　じゃがい

も小1個　玉ねぎの薄切り少々（20g）　サラダ油またはオリーブ油大さじ1　塩少々

〈つくり方〉

①じゃがいもは皮をむいて2〜3㎜の薄切りにし、大きければ二つに切ってざっと水でゆすいでザルにあげる。

②フライパンに油を小さじ1入れ中火にかけ、①を入れてやわらかくなるまで炒め焼きにし、途中で玉ねぎも加えてさっと炒める。取り出して粗熱をとる。

③卵をほぐして粉チーズと②を混ぜ、塩少々で味をつける。

④フライパンに油を入れて熱くし、③をすべて流し入れる。まわりが焼けてきたら全体を大きくかき混ぜ、底に焼き色がついて表面が半熟になったら平らな皿にスルリと平行移動させる。これをひっくり返して再びフライパンに戻して、反対側も焼く。フライ返しで押して裏の面にも焼き色をつける。中心部がしっかりしてきたら出来上り。少し冷まして放射状に切り分ける。

※具はトマト、ズッキーニ、きのこなどでも。

卵焼き四題

日本の代表的な卵料理といえば、茶碗蒸しと並んでこの卵焼き。弁当に欠かせない花形である。甘めでしっかり味の関東風と、だしがにじみ出るソフトな味わいの関西風がある。好みが分かれるところでもあるが、それぞれの個性を知ると、両者とも魅力的である。

彩りに欠かせない薄焼き卵も加えて四題。

●厚焼き卵（玉子）

めんつゆを使ってもできる、おそば屋さんの味に近い卵焼き。卵と合わせる調味料は、だしみつ、甘露だしなどといわれ、小鍋で煮溶かして、冷ましてから混ぜる。つくる量が多ければそれもよいが、このレシピではしっかり混ぜて砂糖を溶かすので火にはかけない。

〈材料〉　卵4個　合わせ調味料（だし・酒各25㎖　砂糖大さじ3・5　醤油小さじ1　塩少々）　サラダ油適量

〈つくり方〉

①合わせ調味料の材料をすべて混ぜ合わせ、砂糖をよく溶かす。

②卵は切るように溶きほぐし①を加えて混ぜる。
③卵焼き鍋を火にかけサラダ油を多めにひいてなじませ、余分な油をペーパータオルでふきとる。
④①の卵液の1／3量を流し、ここでジャーという卵液のいい音がしたら、全体を大きく混ぜて、半熟状に火を通す。
⑤奥から手前に巻いて芯にする。芯を向こう側に寄せ、油少々を補って残りの卵液の半量を流し入れる。再び、向こうから手前に巻いて、向こうに寄せて油少々を補って残りの卵液を流し手前に巻いて仕上げる。
※色をつけたくなければ、うす口醤油にする。

●だし巻き卵

前述の厚焼き卵が冷めておいしい弁当向きとしたら、こちらはだしが多いぶんふっくらとやわらかいのが持ち味。合わせるだしの量が多いので、かたくり粉などのでんぷんを加えたりする。だしの量が多いほど焼く技量がいるので、ここではつくりやすいだしの量にしてみた。

〈材料とつくり方〉

卵3個　合わせ調味料（だし1／4カップ　酒・みりん各小さじ1　塩小さじ1／4）

卵をほぐし、合わせ調味料を混ぜる。卵焼き鍋に油をなじませ、厚焼き卵と同様に焼く。
※砂糖が入っていないので焼き色はほとんどつかないきれいな黄金色に仕上がる。ウナギを巻く「う巻き」などもこの配合でよい。

●薄焼き卵

卵2個で3枚が目安。案外簡単に焼ける。つくりおいて1枚ずつラップをし、冷凍も可能である。

〈材料〉卵2個　塩少々　サラダ油適量

〈つくり方〉

①卵に塩少々入れて溶きほぐし、万能こしでこす。
②中火で油をなじませた卵焼き鍋に①の卵液1／3量を流し、卵の表面が乾いてきたら、ごく弱火にし焦がさないように焼く。竹串か菜箸でふちをはがし、もちあげて裏返し、火を止めてさっと余熱を当てザルなどにのせて粗熱をとる。残りも同様に2枚焼く。

●卵のそぼろ（炒り卵）

卵のそぼろは、鶏のそぼろとコンビで、お弁当を思い出させる。少し甘めに味をつけて数本の箸で炒るだけなので、包丁いらず、まさに初心者向き。酢めしの上にのせると大人の味になる。

〈材料〉卵2個　砂糖大さじ1・5　塩小さじ1／8弱

〈つくり方〉

①小鍋に卵と調味料を入れて溶きほぐし、よく混ぜる。

②①を中火にかけ箸4～5本を使って卵が半熟状になるまで混ぜる。一度火からはずしてぬれぶきんの上に鍋をおき、余熱でホロホロになったら、再び火にかけさっと混ぜて、火を止める。

（2）夏のレシピ

●かぼちゃのスープ

おなじみのポタージュ。相性抜群の生クリーム（牛乳でもよい）があれば手軽にできる。

ホクホクの栗かぼちゃは女子の好物といわれるが、カロテン、ビタミンC、食物繊維の他に老化防止によいというビタミンEが多いので食指が動く。

〈材料〉かぼちゃ200g　玉ねぎ30g　バター大さじ1　スープ（固形スープ1／2個　水2カップ）　生クリーム1／3カップ　塩・こしょう各少々

〈つくり方〉

①かぼちゃは皮と種をとって薄い一口大に切る。玉ねぎは薄切りにする。

②バターを中火にかけて、玉ねぎを焦がさないようによく炒め、かぼちゃを加える。スープの材料を入れ、やわらかくなるまで煮る。

③粗熱をとり、ミキサーにかけてなめらかにし、鍋に戻す。

④中火にかけて、煮立ったら生クリームを入れ、塩、こしょうで味をととのえる。

※濃い場合はスープや牛乳で薄める。ミキサーがなければ万能こしでこす。

●エビと卵の炒めもの

ポピュラーでさっとすぐできる一品。エビはタイガーでなく小ぶりのバナメイエビがよい。卵は火を通しすぎず、ふっくらと炒めること。

〈材料〉 エビ80g a（塩・こしょう各少々 酒小さじ1 かたくり粉小さじ1） 卵2個 塩少々 サラダ油大さじ2 酒小さじ1・5

〈つくり方〉

①エビはからをむいて、背わたを除き、塩小さじ1（分量外）をまぶしてよく洗い、水気をふいてaをまぶす。卵は塩少々を加えほぐす。

②フライパンに油大さじ1を熱し、卵を入れてざっとかき混ぜ、半熟程度になれば取り出す。

③このフライパンに残りのサラダ油を入れ、ぬるいうちにエビを入れて色が変わるまで炒める。酒を回し入れ、炒り卵を戻して手早く炒め合わせる。あれば冷凍のグリーンピースを大さじ1ほど加えてもよい。

●豚ひれ肉のパン粉焼き

仔牛肉を薄く叩いてのばして焼く、ミラノ風カツレツのアレンジ。豚ひれ肉にチーズと卵の下味をつけてコクを出すので見事な食べごたえとなる。ソースはレモンを絞るだけ。お好みでケチャップやウスターソースでもどうぞ。

〈材料〉 豚ひれ肉1・5〜2cm厚さ2枚、塩・こしょう少々 a（卵小1個 塩・こしょう各少々 パルメザンチーズ大さじ1・5） サラダ油大さじ2 パン粉適量 レモンのくし切り1／6個

〈つくり方〉

①肉に塩、こしょうをしてからラップではさみ、めん棒などで叩いて6〜7mm厚さにのばす（約倍近くまで）。

②aを混ぜ合わせて①の肉をくぐらせ、次にパン粉をつける。

③フライパンにサラダ油を熱し、②を入れて中火で2〜3分焼く。焼き色がついたら返し、さらに2分ほど焼いて火を通し、器に盛りレモンのくし切りを添える。

●ゴーヤーチャンプルー

ゴーヤーとはにがうりのこと。沖縄料理を代表する有名な炒めものである。ビタミンCの含有量が多く、これも卵と組み合わせると申し分のない一皿となる。夏の日差しをよける緑のカーテンとしても知られるが、家庭菜

園のものはやわらかく苦みが少ないものもある。買ってきたら鮮度の良いうちに使い切るとよい。

〈**材料**〉卵小2個　にがうり中1／2本　木綿豆腐1／2丁（150g）　玉ねぎ小1／4個　塩少々　醤油小さじ1・5　サラダ油大さじ1　かつお節1パック（3g）

〈**つくり方**〉

①にがうりは縦半分に切り、種とわたをとり、5㎜ほどの薄切りにし塩少々をふっておく。豆腐は紙タオルに包み、重石をして20分ほどおき水気を切る。玉ねぎは薄切りにし、卵は溶いておく。

②鍋に油を熱し、水気をふいたにがうりを入れてじっくり炒める。色が鮮やかになったら、玉ねぎを加えて炒め、水気を切っていた豆腐を手でくずしながら加えて炒め合わせる。全体に塩少々をふり、醤油を回し入れる。卵を入れて全体にからめるように強火で炒め、火を止めてかつお節をふりかける。

●卵とトマトの炒めもの

夏の終わり、よく熟したトマトをさっと炒めて酸味を味わうのがこの一皿。

〈**材料**〉トマト小さめ1個　にんにく薄切り2枚　卵2個　サラダ油またはオリーブ油大さじ1・5　塩・こしょう各適量

〈**つくり方**〉

①トマトは芯をとり、縦八つのくし切りにする。

②卵をほぐして少々の塩、こしょうで味をつける。

③フライパンに大さじ1の油を熱し、②を入れてまわりが焼けてきたらざっと大きく返してすぐ皿に取り出す。

④このフライパンに残りの油とにんにくを入れて熱し、香りが出たらトマトを入れて炒め、少しくずれかけたところに③を戻し入れて混ぜ合わせる（好みで醤油少々を落とす）。

※口当たりをよくするならトマトは湯むきしてもよい。湯むきの方法は、芯をくりぬいたトマトを、熱湯に7秒ほどくぐらせて冷水にとって皮をむく。

（3）秋のレシピ

●レタスの卵スープ

旬のレタスを、チーズ入りの卵でとじるスープに。忙しい朝や疲れた日の一服におすすめ。

〈材料〉 レタスの葉2枚　スープ2カップ（水2カップと洋風固形スープの素1／3個分を合わせて火にかけ溶かしたもの）　卵1個　粉チーズ大さじ1　a（塩・こしょう各少々　酒小さじ1）

〈つくり方〉

①レタスは一口大にちぎる。卵は溶いて粉チーズと合わせる。

②スープを溶かし、aで味をととのえ、レタスを入れる。煮立ってきたら、粉チーズ入りの卵を回し入れ、ふたをして火を止め少し蒸らす。

●牛こまと卵の炒めもの

疲れが出てくる夏の終わりにふさわしい、ささっとつくるコリア風スタミナ炒め。ごはんにのせてビビンバ（混ぜごはん）風にしても。市販の焼き肉のタレを利用すればより早わざとなる。

〈材料〉 牛こま切れ肉100g　a（醤油大さじ1　砂糖小さじ1　ねぎのみじん切り大さじ1　おろしにんにく少々　すりごま・ごま油各小さじ1・5）　卵2個　塩少々　万能ねぎ1／2把　サラダ油小さじ2　醤油少々

〈つくり方〉

①牛こま切れ肉にaの調味料すべてを混ぜ合わせたものを入れてざっともみ込む。卵は溶きほぐす。万能ねぎは3cmに切る。

②フライパンにサラダ油小さじ2を入れて熱し、溶いた卵を入れ、ざっと一混ぜして半熟状で取り出す。

③②のフライパンを油をひかずに熱して、下味をつけた牛肉を入れて強火で炒める。色が変わったら万能ねぎを入れ②を戻し入れて炒め合わせ、鍋肌から醤油少々を回し入れる。

●カルボナーラ

イタリア語で炭焼き職人という名がついた有名なパスタ。そのカルボナーラが食べたパスタに黒い炭の粉が落ちた状態と重ねて、黒こしょうをふりかけるこのパスタにその名がついたという。

どこか日本の卵かけごはんを思わせる、本国同様生クリームなしのシンプルなレシピを紹介する。

卵かけごはんがごはんのおいしさ再発見だとしたら、これは粉のおいしさ再確認ともいえる食べ方ではなかろうか。パスタはやや太めのスパゲッティを用いる。好みでスパゲッティーニにすると少しゆで時間が短かくなる。

〈材料〉（1人分）スパゲッティ80～100g　塩小さじ1　卵小1個　にんにくのみじん切り小1片分　パルメザンチーズ大さじ1　ベーコンまたはパンチェッタ（塩豚）30g　黒こしょう少々　イタリアンパセリみじん切り少々　エキストラバージンオリーブ油

〈つくり方〉

①スパゲッティ用の湯を1ℓ沸かし始める。湯が沸いたら塩小さじ1を入れる。

②ソースを準備する

ボウルに常温にもどした卵を入れてほぐし、チーズと黒こしょうも加えておく。

③パスタをゆで始める。外に出ているパスタを湯に沈ませて、くっつかないようにはじめ少しだけ混ぜて、あとはアルデンテに（歯ごたえのあるように）ゆでる（袋のゆで時間の表示を参考にする）。

④ソースをつくる

フライパンにオリーブ油とにんにくのみじん切りを入れて火にかけ、香りが出てきたら、ベーコンの粗みじん切りを加えて弱めの中火で焦がさないように、じっくり炒める。カリッとしてきたら、②のボウルに入れ卵と混ぜ合わせる。

⑤タイミングよくパスタもアルデンテにゆであがったところで、ゆで汁を切ったパスタをこのソースのボウルに入れて、よくからめるようにして混ぜ合わせる。仕上げにイタリアンパセリをふり、エクストラバージンオリーブ油を適量回しかけて仕上げる。

※こしょうは黒粗挽きこしょう。

●青ねぎとキムチの串焼き

材料を竹串に刺して、小麦粉と卵をつけて焼くジョンという韓国料理。フライのパン粉を省いたものと思えばよい。洋風にも似た料理のピカタがある。材料に魚介や牛肉をプラスしてホットプレートで焼く熱々もおいしい。

〈材料〉青ねぎ（わけぎまたは万能ねぎ5〜10本）　白菜のキムチ100g　小麦粉適量　卵大1個　ごま油適量

〈つくり方〉

①キムチは小指大ほどの短ざくに切る。わけぎはキムチと同じ長さに切る。

②竹串にキムチ、わけぎの順に刺し、これをさらに2回くり返していかだ状にする。小麦粉を全体にまぶし、とき卵をくぐらせる。

③ごま油を薄くひいて熱した中火のフライパンで両面を色よく焼く。

●クレープ

卵と牛乳を使うデザート。クレープというのは和名で縮緬《ちりめん》と書く織物のこと。この薄地を思わせるパンケーキは、チリチリのこまやかな焼き色がつくのが特徴である（口絵Ⅷページ）。

フランスはブルターニュ発祥というクレープ。そのそば粉入りのクレープは、ベーコンエッグやサーモンなどをはさんでシードル（りんご酒）を片手に食べるのが本家風。

他に甘いクリーム系をはさんで、屋台で立ち食いを楽しむ、パリッ子顔負けの光景も珍しくない。さらに高級レストランの「クレープシュゼット」というデザートはお値段もなかなか。ここでは、その生地をバター多めの極上にして、つくりがいのあるデザートをつくる。三ツ星レストラン「ポール・ボキューズ」さんのレシピを参考にしたので、ボキューズさんのクレープと呼んでいる。

〈材料〉薄力粉60g　砂糖小さじ1・5　牛乳120mℓ　卵1個　バター50g　オレンジ・マーマレード

〈つくり方〉

①室温にもどした卵を泡立器でほぐし、砂糖、牛乳も加えてよく混ぜ合わせる。

②①に粉をふるい入れて混ぜ合わせる。なめらかになったら、フライパンにバターを全量入れて弱火にかけ溶かしたものを加えて混ぜ合わせる。ラップをして1時間ほど休ませるが、急ぐ場合は裏ごしする。

③②でバターを溶かしたフライパンをざっとふいて中火で温める。お玉で生地をすくって薄く流して広げる。

④表面が乾いてきて、ふちがめくれてきたら裏返す。裏はさっと焼くだけで取り出し、マーマレードを塗って二つ折りにする。

（4）冬のレシピ

●卵とじ丼

つくりおきのめんつゆと卵があれば、あっけないほどの速さでできる丼もの。

太く育った旬の長ねぎを使うが、玉ねぎでもよい。

〈材料〉ごはん丼《どんぶり》1杯分　長ねぎ1／2本　みつば3〜4本　卵2個　煮汁（手づくりめんつゆ65〜70㎖・52ページ参照　砂糖・酒各小さじ1／2）

〈つくり方〉

①長ねぎは斜め薄切りにし、みつばは3㎝に切り、卵はほぐす。煮汁の材料を合わせておく。

②浅めの小鍋（直径15〜18㎝）またはフライパンに①の長ねぎと煮汁を入れて、強火で煮立たせ、溶いた卵を回し入れ、ふたをする。再び煮立ったらみつばを入れ火を止める。

③少し蒸らして卵がほどよい半熟状になったら、温かいごはんの上にのせる。

●カキとほうれん草の即席グラタン

カキとほうれん草は冬の食材を代表する出合いもの。フランス料理で知られる古典的な前菜をマヨネーズと生クリームでお手軽な仕上げにしたグラタン。

〈材料〉（2人分）カキ中粒150g　玉ねぎのみじん切り大さじ1　サラダ油小さじ1　白ワインまたは日本酒大さじ2　塩・こしょう少々　生クリーム50㎖　マヨネーズ大さじ1〜1・5　ほうれん草1／3把　溶かしバター大さじ1

〈つくり方〉

①カキは軽く塩をふって洗い、水気をよくふきとる。

②ほうれん草はゆでて3㎝に切り、バターをからめて、グラタン皿に二つに分けて敷いておく。

③鍋にサラダ油を熱し、玉ねぎのみじん切りを炒め、しんなりしたらカキを入れ強火でさっと炒め、白ワインをふりかけてカキに火を通し、塩、こしょうで味をととのえ②のほうれん草の上にのせておく。

④③の煮汁が残るフライパンに生クリームを入れ、弱めの火で軽く煮つめ、とろりとなったら火を止めて粗熱をとる。ここにマヨネーズを加えソース状にする。味をみて塩、こしょうをし、③のカキの上にこのソースをかけ、オーブン、またはグリルに入れて表面に焼き色をつける。

※好みでピザ用チーズや粉チーズをふってもよい。
※オーブンの温度は200℃。

●小田巻き蒸し

うどんを入れた茶碗蒸し。
以前は受験生の夜食として母親が夜半に差し入れる熱々の定番として知られたもの。
2人分を丼もの用の器に入れて1個つくるレシピにしたが、小さい土鍋でもお試しを。

〈**材料**〉卵小2個　a（手づくりめんつゆ52ページ80㎖　水200㎖　塩少々）鶏もも肉40g　生しいたけ2枚　みつば5本　ゆでうどん1／2玉　醤油適量　酒小さじ1　柚子の皮

〈**つくり方**〉

①卵をほぐし、aと合わせてよく混ぜる（こしてもよい）。
②鶏肉は一口大のそぎ切りにし、酒と醤油少々をからませ下味をつける。生しいたけは石づきをとり、二つに切る。みつばは3㎝に切る。うどんはさっと熱湯を通して水気をよく切って少々の醤油をまぶす（醤油洗い）。
③器（丼）にうどん、鶏肉、生しいたけを入れ①の卵液を注ぐ。
④③を湯気の上がった蒸し器に入れふたをして、強めの中火で5分蒸し、表面が白くなったら火を弱め7〜8分蒸す。みつばを上にのせ、さらに弱火で5分ほど蒸す。出来上りの確認は、中心に竹串を刺してみて、澄んだ汁が出てくればよい。仕上げに黄柚子の皮をそいで香り（吸口）として添える（小さい蒸し茶碗2個でつくる場合は時間を少し減らす）。

●スクランブルドエッグ

シンプルとはいえ、卵の火入れがデリケート。ゆったりとした休日にホテルの朝食気分を味わう卵料理。

〈**材料**〉卵2個　塩・こしょう各適量　生クリーム大さじ1・5　バター20g（大さじ2弱）

〈**つくり方**〉

①ボウルに卵を割り入れてほぐし、生クリームを加えて混ぜ合わせ、塩、こしょうで味をととのえる。

②フライパンにバターを入れて弱火にかけて溶かし、①をすべて流し入れる。木じゃくしで底から全体をよく混ぜ、じんわりと火を通す。少し早いくらいの半熟状で火を止める（炒り卵にならないように、やわらかく仕上げる）。

●フレンチトースト

女性に人気の甘味だが、食べそびれてかたくなったパンをおいしく食べる方法としてもおすすめしたい。朝食やおやつにも向く。卵液に浸す時間は、フランスパンで1時間以上、すぐに食べたい場合は食パンでつくるとよい。

〈**材料**〉食パン2枚（6枚切り）　卵液a（卵1個　牛乳1／2カップ　生クリーム50mℓ　砂糖大さじ2）　バター30g　メープルシロップまたははちみつ

〈**つくり方**〉

①食パンは二つに切る。

②卵液aをよく混ぜ合わせる（こしてもよい）。

③①を平らなバットなどに入れ、②の卵液を注ぎ入れ、10分ほどしたら向きを返して浸す。

④フライパンにバターを溶かして、色づいてきたら十分に卵液を吸った③を入れ、中火で両面香ばしく焼く。

⑤メープルシロップ、はちみつなど好みのソースで。

■著者紹介■

千葉 道子（ちば みちこ）

料理研究家。和食を中心とする料理教室を主宰。「元気に生きる源泉は食にある」を持論とし、日々の食事の大切さを説く。

早くから食育にも関心をもち、食育は大人側の問題であると提起し、旧教室生を中心とした食の学び場「食育ネットワーク」を発足し、運営。「もっと知りたい、つくりたい」を基調とする学習活動を続けている。長年、朝日カルチャーセンター料理教室講師も務めた。また、ＮＨＫテレビ「ためしてガッテン」でも、だしをテーマにした番組にゲスト出演した。

主著『だしの本』『時短料理の本』『簡素な食事の本』『四季のみそ汁』『新だしの本』以上農文協。『おかず歳時記』（小学館）、『料理上手の智恵ごはん』（家の光教会）、『めんつゆでおかず自由自在』（世界文化社）など。

ひとり料理 超入門

簡単、健康、ときには贅沢

2020年3月25日　第1刷発行

著者　千葉　道子

発行所　一般社団法人　農山漁村文化協会
〒107-8668　東京都港区赤坂7丁目6－1
電話　03(3585)1142(営業)　03(3585)1145(編集)
FAX　03(3585)3668　振替　00120-3-144478
URL　http://www.ruralnet.or.jp/

ISBN978-4-540-18157-3　DTP製作／㈱農文協プロダクション
〈検印廃止〉　印刷／㈱新協

製本／根本製本㈱
Printed in Japan　定価はカバーに表示
乱丁・落丁本はお取り替えいたします。